일러스트로 알 수 있는
일 잘하는 사람들의 업무 실행 원칙

IRASUTO DE WAKARU SHIGOTO GA DEKIRU HITO NO MONDAI KAIKETSU NO GIJUTSU
by Makoto Takahashi
Copyright © 2004 by Makoto Takahashi
All rights reserved
Original Japanese edition published by Toyo Keizai Inc.
Korean translation rights arranged with Toyo Keizai Inc.
through Japan Foreign-Rights Centre/Enters Korea Co., Ltd.

이 책의 한국어판 저작권은 (주)엔터스코리아/Japan Foreign-Rights Centre를 통한 일본의 Toyo Keizai Inc.와의 독점 계약으로 도서출판 나무의 꿈이 소유합니다.
신 저작권법에 의하여 한국 내에서 보호를 받는 저작물이므로 무단전재와 무단 복제를 금합니다.

일 잘하는 사람들의
업무 실행 원칙

일 처리가 뛰어난 사람들의 문제 해결 58가지 기술

다카하시 마코토 지음 | 한혜란 옮김

나무의꿈

머리말

　이 세상 모든 것은 문제투성이라 할 수 있습니다. 우리들은 매일 무엇인가 문제를 접하고, 그것을 해결해 나가며 살고 있습니다. 그렇지만 문제를 어떻게 해결하면 좋을지, 어떻게 하면 능숙하게 해결책을 찾을 것인가는 학교에서 가르쳐주지 않습니다.

　그렇다면 다양한 경험을 쌓는 것 외에 다른 방법은 없을까요? 그건 아닙니다. 문제를 해결하는 데는 기본이 있습니다. 어떤 문제를 해결할 때도 적용할 수 있는 기본 법칙입니다. 이 책은 문제 해결의 기본 중의 기본을 일러스트와 함께, 알기 쉽게 소개하고자 기획한 것입니다.

　저는 오랜 세월 창조적인 문제 해결을 테마로 연구와 실적을 쌓아왔습니다. 발상법이나 그 정리법 등 창조하는 방법을 온 세계에서 수집·분류하며, 또 독자적인 창조 기법도 개발해 왔습니다. 제 창조 기법의 분류 연구는 많은 연구자들이 기본 분류법으로써 인용하고 있습니다. 이 연구로 저는 교육학 박사가 되었고, 창조학 연구자들이 모이는 일본창조학회 이사장도 맡고 있습니다. 이 분야는 제 필생의 사업입니다.

또한 밥벌이를 하는 필생의 사업은, 다양한 기업의 창조 작업을 지원하는 일입니다. 기업의 전략 입안을 지원하는 것부터, 상품 개발로는 음식에서 화장품·가전·주택 개발에 이르기까지 다양한 분야를 지원합니다. 회사 이름이나 상품명 개발 중에, 도쿄 돔의 애칭인 '빅 에그'나 엽서의 '갈매기 소식', '벚꽃 소식', 회사 이름인 '토스템' 등도 우리 연구소에서 개발했습니다. 기업의 새로운 인사 시스템이나 교육 시스템 개발 등도 자신 있는 분야입니다. 이처럼 저는 다양한 조직의 창조적인 문제 해결을 오랫동안 실시해 왔습니다.

결국 저는 이들 실천 엑기스를 책에 듬뿍 담아서, 단순히 문제 해결을 위한 학습서가 아닌, 바로 활용할 수 있는 실천서로 만들고자 했습니다.

이 책은 파트 1에서 파트 7까지, 7개의 파트로 구성되어 있습니다.

파트 1 먼저, 문제 해결이란 무엇인지를 알자

파트 2 문제를 하나로 압축하라

파트 3 철저히 원인을 규명하라

파트 4 곰곰이 해결 테마를 선택하라

파트 5 최대한 해결 아이디어를 창출해내라

파트 6 확실한 실행책으로 정리하라

파트 7 신속하게 실행에 옮겨라

각 타이틀에서 알 수 있듯이, 이 책은 문제 해결의 기본 순서를 따라 구성했습니다. 우선, 문제를 명확하게 인식하는 것부터 시작해서 원인을 찾고, 해결책을 생각합니다. 그런 다음 어떻게 실행하는가 하는 부분까지 제대로 알 수 있도록 했습니다.

그리고 어떤 식으로 문제 해결의 사고를 하면 좋을지, 사고의 기본도 취급하고 있습니다. 또한 제가 고안한 창조기법을 중심으로, 곧바로 사용할 수 있는 창조기법을 알기 쉽게 소개했습니다. 즉, 창조학의 성과를 충분히 실은 책이라 할 수 있습니다.

그러므로 이 책은 정독하기보다는, 쭉 읽으면서 문제 해결의 기본을 머리 속에 넣어두기 위한 책이라고 생각하기 바랍니다. 문제를 해결하는 것은 결코 어려운 일이 아닙니다. 이 책을 읽고 그 기본을 이해하면 곧바로 실행할 수 있습니다.

　자, 여러분도 이 책을 한 손에 들고 신변의 문제를 해결해 봅시다. 반드시 "겨우 이 정도야?"라며 그 간단함에 놀랄 것입니다. 일단, 한번 해봅시다.

2004년 3월
다카하시 마코토

차례

머리말 _4

part 1 | 문제 해결 전의 워밍업 | 먼저, 문제 해결이란 무엇인지를 알자 — 13

- 01 문제란 **이상과 현실의 갭**이라 생각하자 _14
- 02 문제 해결에는 **현상형**과 **이상형** 2가지 타입이 있다 _16
- 03 **문제 해결의 6가지 스텝**을 생활화하자 _20
- 04 문제 해결시에는 **카드**를 활용하자 _25
- 05 **발산 사고**와 **수습 사고**를 구별하자 _27
- 06 발산 사고를 할 때는 **발산 규칙**을 지키자 _29
- 07 발산 사고를 할 때는 **발산 기법**을 사용하자 _33
- 08 수습 사고를 할 때는 **수습 기법**을 사용하자 _36

part 2 | 문제 해결 스텝 1 | 문제 설정 | 문제를 하나로 압축하라 — 39

- 09 문제에는 **발생형**과 **발견형** 2가지 타입이 있다 _40
- 10 문제가 돌연 발생했다면 **한 템포** 늦춰 보자 _43
- 11 주어진 문제가 무엇인지 철저히 분석해 보자 _46
- 12 신변에 문제가 없는지 찾아보자 _49
- 13 문제를 발견했다면 주위에 문제를 제기해 보자 _52
- 14 문제는 가능한 한 작게 축약하자 _55
- 15 일단 발견한 문제에 대처하자 _57
- 16 철저하게 재고하여 **문제의식**을 높이자 _60

part 3 | 문제 해결 스텝 2 | 문제 파악 | **철저히 원인을 규명하라** — 63

- 17 문제의 발생 현장을 철저하게 조사해 보자 _64
- 18 디지털 카메라나 비디오로 현장을 잘 찍어서 분석하자 _67
- 19 문제에 대해 여러 사람에게 의견을 듣자 _70
- 20 사실인지 추측인지를 확실하게 밝혀내자 _73
- 21 지금까지의 방법이 올바른지 의심해 보자 _76
- 22 **카드 BS법**으로 원인을 규명하자 _79
- 23 **피쉬 본(fish bone)법**으로 원인을 추구하자 _82
- 24 진짜 원인은 무엇인지 끈질기게 살펴보자 _85

part 4 | 문제 해결 스텝 3 | 과제 설정 | **곰곰이 해결 테마를 선택하라** — 89

- 25 **해결해야 하는 테마**는 무엇인지 축약하자 _90
- 26 해결 테마를 **명확한 문장**으로 정리해 보자 _93
- 27 해결 목표를 **파레토의 법칙**으로 파악하자 _96
- 28 해결 테마에 대해 3가지 **해결 목표**를 정하자 _99
- 29 해결 목표를 찾는 데는 **장의 이론**을 응용하자 _102
- 30 해결했을 때의 **이상향**을 그려 보자 _105

part 5 문제 해결 스텝 4 | 과제 해결 | **최대한 해결 아이디어를 창출해내라** 109

- 31 모든 수단을 동원해 해결 아이디어를 찾아내자 _110
- 32 동일 업계가 취한 해결책을 따라해 보자 _113
- 33 외부에서 따라할 수 있는 정보가 없는지 찾아보자 _116
- 34 다양한 미디어로부터 해결 정보를 모으자 _119
- 35 인터넷에서 해결 정보를 얻자 _122
- 36 자신에게 맞는 **생각 장소**를 찾아내자 _124
- 37 팀 구성원과 해결 아이디어를 생각하자 _127
- 38 **카드 BW법**으로 얼마든지 아이디어를 제시하자 _130
- 39 개인이라면 30, 팀이라면 300개 아이디어를 제시하자 _133
- 40 닥치는 대로 연관지어 **강제 연상**을 해보자 _136
- 41 **체크 리스트 법**으로 발상을 확대하자 _139
- 42 **유추법**으로 독자적인 아이디어를 만들자 _142

part 6 문제 해결 스텝 5 | 과제 해결 | **확실한 실행책으로 정리하라** 145

- 43 **블록법**으로 대량 아이디어를 재빨리 분류하자 _146
- 44 **행렬법**으로 아이디어를 체계적으로 정리하자 _149
- 45 **트리법**으로 실행 작전을 분석해 가자 _152
- 46 **스토리 법**으로 실행 작전을 세우자 _155

47 **사용 가능한 실행안은 무엇인가**를 꼼꼼히 평가하자 _158

48 실행 작전을 **기획서**로 만들어 보자 _161

49 **기본 양식**으로 기획서를 써 본다 _164

50 기획서 작성은 **표현 포인트**와 **표현 규칙**을 준수한다 _169

51 기획서는 **기획자의 열의**가 전해지도록 _172

52 기획서를 완성했다면 **간직하고**, 설득 방법을 생각하자 _175

part 7 문제 해결 스텝 6 | 해결 행동 | 신속하게 실행에 옮겨라 179

53 프리젠테이션은 **사전 → 실제 → 사후** 3단계 수순을 확실히 하자 _180

54 실제 프리젠테이션은 5가지 포인트에 유의하면서 설득하자 _183

55 프리젠테이션 후에는 반드시 **사후 검토**를 한다 _186

56 실행은 남의 일이라 생각하지 말고 **자신의 일**로 생각하자 _189

57 실행할 때는 **주변사람을 끌어들이도록** 해보자 _192

58 실행안을 가까운 현장에서 **시행**해 보자 _195

Part 1

문 제 해 결 전 의 워 밍 업

먼저, 문제 해결이란 무엇인지를 알자

01 문제란 **이상과 현실의 갭**이라 생각하자

    기술 혁신이 급속도로 이루어지고 사회적인 가치 변화가 극심한 현대에, 모든 기업이 불황의 늪에 빠지지 않고 살아남아 승승장구하기 위해 노력하고 있습니다. 모두들 신제품이나 독자적인 서비스를 개발하고, 발전 가능성이 있는 사업에 진출하려고 필사적입니다.

    그러므로 지금은 기획실이나 연구소 사람들은 물론이고, 생산·경영·총무부 등 모든 분야의 사원들이 주어진 일을 실수 없이 처리하는 인간이 아닌, 스스로 일을 만들어내는 창조적 인간이 되기를 요구합니다.

    이를 위해서는 지식이나 경험이 풍부해야 하는 것은 물론이고, 이 지식과 경험을 살려서 끊임없이 닥쳐오는 여러 문제에 대응하여 수많은 답변을 찾아내야 합니다. 그중에서 새로운 가치를 창출하여 문제를 해결해 가는 '창조적인 문제 해결력'을 갖출 필요가 있습니다.

    그러므로 '창조적인 문제 해결력'을 갖추기 위해서는 우선 문제란 무엇인지를 이해해 둡시다.

    우리들은 매일 '이렇게 노력하고 있는데, 상사가 인정해 주지 않는다' 거나 '우리 상품은 좋은데, 거래처가 늘지 않는다' 등등, 일에 관한 많은 문제에 직면합니다. 또 '최근에 몸이 안 좋다', '부부 싸움이 늘었다' 등 개인적인 문제도 물론 안고 있습니다. 창조적인 문제 해결의 첫걸음은, 이들 문제 그 자체에 대해 깊이 생각하는 것이라 할 수 있습니다.

미국의 경영학자인 케프너와 토리고는 '문제란 기대되는 업적 수준에서 일탈하는 것'이라 정의했습니다. 미국에서는 목표를 명확하게 한 다음 비즈니스를 전개하는 목표관리제도가 옛날부터 정착되어 있습니다. 그런 배경도 있는 까닭에 '지향하는 업적 수준에 미치지 못하는 것이 문제'라고 정의한 것입니다.

그러나 일본에서 보통 '문제가 있다'고 하는 경우에는, 현실적으로 발생한 구체적인 '트러블'이 생기면, 이랬으면 좋겠다는 심리적인 '소망'도 있습니다.

이를 위해 저는 '문제란 이상과 현실 사이의 갭(차이)이다'라고 정의했습니다. '트러블'이건 '소망'이건, 이런 식이면 좋겠다(이랬으면 좋겠다)는 이상적인 모습과 현재 상태와의 갭을 확실하게 파악했을 때 사람은 '문제' 의식을 느낍니다. 따라서 어떻게 그 갭을 메우고, 기대하는 목표에 다가설 수 있을지를 생각하는 것이 당신의 문제 해결력을 높이는 셈이 됩니다.

02 문제 해결에는 **현상형**과 **이상형** 2가지 타입이 있다

이상과 현실에 갭(차이)을 느꼈다면, 그 갭=문제를 해결할 때 현실에서 출발할 것인지 이상에서 출발할 것인지, 다음의 두 가지 어프로치가 있습니다.

(1) 현실 분석형 문제 해결

현실 분석형 문제 해결이란, 우선 무엇이 문제인지 '문제 설정'을 했다면, 다음에 현재의 상황을 정확히 파악하는 '현상 분석'을 하고, 그 사실 가운데서 문제점을 찾아내는 '문제점 분석'을 합니다.

이런 접근은 현실에서 출발하는 것이므로, 현상을 개선하거나 조금씩 개량해 나가는 데 적합합니다. 일반적인 직장 문제 등에는 이런 어프로치가 적합한 경우가 많습니다.

(2) 이상 설정형 문제 해결

이상 설정형 문제 해결은, 우선 '문제 설정'을 하는 부분까지는 현상 분석형과 동일하지만, 목표로 삼는 모습은 다릅니다. 먼저 그리는 '이상 설정'을 하고 난 다음에 '현상 분석'을 합니다. 즉, 현상을 분석하기 전에 문제가 해결된 이상적인 상태를 설정하여, 그 이상에 비해 현실이 얼마나 다른가(갭)를 파악, 해결해 나가려는 것입니다.

이런 접근은 이상에서 출발하는 것이므로, 근본적인 변혁을 하고 싶을 때 가장 적합합니다.

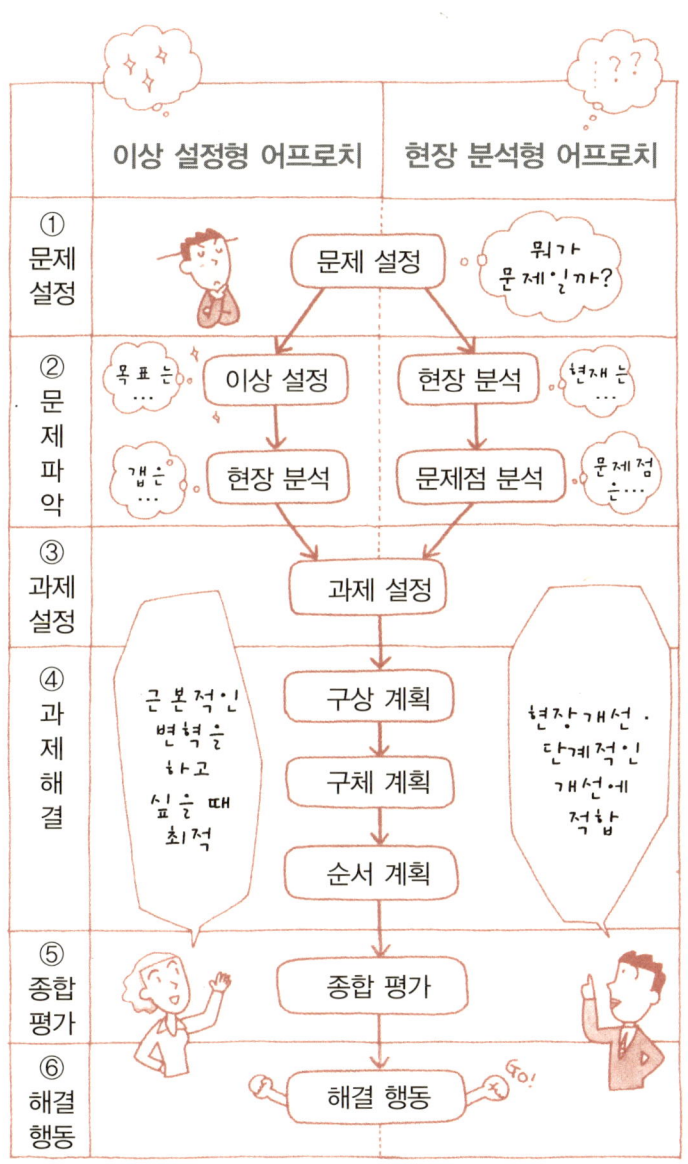

먼저, 문제 해결이란 무엇인지를 알자

현상에서 벗어나기란 좀처럼 어려운 법입니다. '지금 이러니까 이런 상태를 이렇게 만들자'는 현장의 시점이나 눈앞의 발상에만 사로잡히기 쉽습니다.

그러나 지금부터는 현상에 사로잡히는 것이 아니라, 현상 타파, 혹은 현상 부정의 발상이 정말 필요합니다. 시시각각 격변하는 사회 속에서 변화의 소용돌이에 휘말리지 않고 자신의 강점, 자기 회사만의 파워를 발휘하기 위해서는, 처음부터 목표를 명확하게 그려 추구하는 '이상 설정형 접근'이 필요합니다.

03 문제 해결의 6가지 스텝을 생활화하자

문제를 해결할 때, 기본적은 순서는 다음 6가지 스텝입니다.

[**스텝 1 문제 설정**] – 문제를 명확하게 한다

'무엇이 문제인지 알았다면, 그 문제는 이미 해결한 것과 마찬가지'라는 말이 있습니다. 해결해야 할 문제의 요점을 좁혀서 명확하게 설정하는 것이 문제 해결의 첫걸음입니다. 그리고 명확해진 문제점을 머릿속에 깊이 새김으로써, 강렬한 문제의식을 가지고 해결을 향해 의욕을 불태우는 것이 중요합니다.

직장에서 자주 '커뮤니케이션이 잘 안 된다'는 막연한 테마가 주어지는데, 이것만으로는 '부서 간의 커뮤니케이션 문제'인지 '부서 내 인간관계의 문제'인지, 아니면 '상하의 의사소통 문제'인지 알 수 없어 문제 설정이 되지 않습니다. 적어도 '본사와 지사 간의 업무 전달이 원활하게 이루어지지 않는다'는 식으로 문제를 압축할 필요가 있습니다. 지금부터 이 테마를 가지고 이야기해 나가겠습니다.

[**스텝 2 문제 파악**] – 문제의 정보를 수집·분석한다

이상 설정형에서는, '본사와 지사 간에 업무 전달이 원활하다'는 이상적인 상태를 생각합니다. 예를 들면 '본사의 업무 전달이 지점의 전원에게 정확하고 빠르게 전달되었다'고 생각합니다. 그리고 이를 실현하기 위해서 현실은 어떠한지 분석합니다.

한편, 현상 분석형에서는 강렬한 문제의식을 가지고, 문제와

관계가 있는 모든 사실을 철저히 밝혀내서 꼼꼼하게 분석합니다. 그리하여 그 진짜 원인을 확실하게 파악하는 것이 이 스텝입니다.

'본사와 지사 간에 업무 연락 매체와 정보 내용, 전달 방법에 대한 현상'을 빠짐없이 조사하여, 문제점을 명확하게 하는 것입니다.

[스텝 3 **과제 설정**] – 해결해야 하는 과제를 구체화한다

이상적인 상태가 제시되었거나 문제점을 파악했다면 해결 방향이 명확해집니다. 저는 해결해야 할 구체적인 테마를 '과제'라 부르고 있습니다만, 이 과제를 정하는 스텝이 바로 '과제 설정'입니다.

예를 들어 '본사와 지사 간에 업무 전달이 원활하지 않다'는 문제를 충분히 검토해 나가면, '본사에서 업무 연락을 지점장에게 개인적으로 전달하기 때문에, 지점 전원이 알아야 하는 내용이 지점장만의 정보가 되어버린다'는 점이 최대 문제 쟁점이 되었다고 합시다. 이 경우, 과제 설정은 '지점의 전원에게 본사로부터 업무 전달을 정확하게 전달하기 위해서는' 식으로 구체화한 것이 됩니다.

과제는 해결을 하기 위한 것이므로 '~을 하기 위해서는'이라는 표현을 써서, 다음 과제 해결 단계로 넘어가기 쉽게 만듭니다.

[스텝 4 **과제 해결**] – 과제 해결의 아이디어를 생각한다

여기에서는 설정한 과제를 바탕으로 보다 구체적인 해결 목표를 몇 가지 찾아봅니다. 물론 이 목표의 표현도 '~한다'로 합니다.

예를 들면 '지점의 전원에게 전달될 수 있는 매체를 만든다'는 표현을 합니다. 이 해결 목표가 정해지면, 각 해결 목표마다 가능한 모든 해결 아이디어를 제시해 갑니다.

이 과제 해결 스텝을 좀더 자세히 나누어 보면, 다음 3가지가 됩니다.

(1) **구상 계획** : 전반적인 방침과 각 목표를 어떻게 해결할지 해결 구상을 생각한다.
(2) **구체 계획** : 각 목표마다 어떤 구체적 대책을 실시할지 검토한다.
(3) **순서 계획** : 각 구체적인 대책을 어떤 스케줄로 행할지 계획한다.

이들 스텝을 밟아 나감으로써, 단순히 즉흥적인 해결 아이디어가 아닌, 실천 가능한 해결 아이디어로 만들어가는 것입니다.

[스텝 5 **종합 평가**] -해결 아이디어를 검토하고 평가한다

스텝 4에서 제시된 해결 계획을 객관적인 눈으로 검토하고 평가하는 것이 종합 평가의 스텝입니다. '지점의 전원에게 전달되는 매체를 만든다'는 목표에 대해, '매주 월요일, 정기적으로 전원에게 이메일로 주보를 보낸다'는 아이디어를 제시했다고 합시다. 이 아이디어를 채용한다고 하면, 그 메일을 '지점의 전원이 틀림없이 읽도록 하려면 어떻게 해야 하는가' 하는 부분까지 파고들어가 검토합니다. 또 '본사의 누가 발신할 것인가' 라든가 '누가 확인할 것인가' 라는 식으로, 실시하기 위한 프로세스를 하나하나 구체적으로 체크해서, 그 아이디어가 실시 가능한지 여부를 평가해야 합니다.

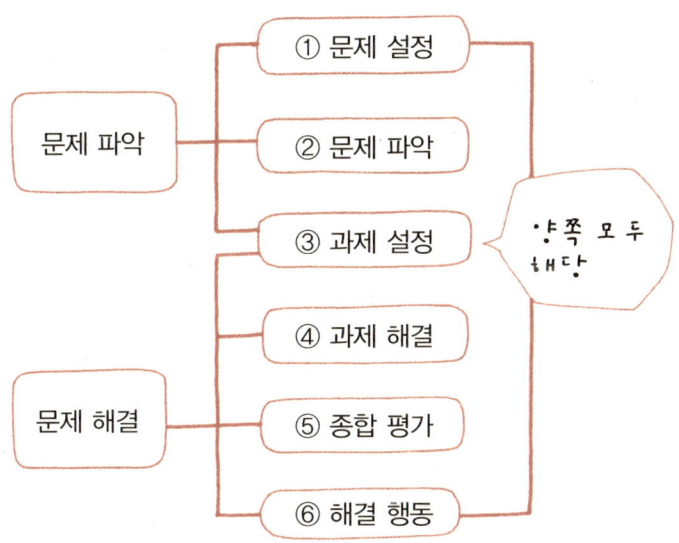

누구를 위한, 그리고 무엇을 위한 아이디어인지 종합적으로 평가함과 동시에, 구체 방안의 기술적이고 심리적인 평가, 순서와 비용의 평가 등, 자세히 나누어 실행할 필요가 있습니다.

[스텝 6 **해결 행동**] –해결책을 실시한다

과제를 명확히 설정하여 열심히 해결책을 만들어낸 것까지는 좋았지만, 여기서 힘에 부쳐 하거나 해결 아이디어에 자기 만족하여 힘을 빼거나 하는 사람은 없습니까? 아무리 훌륭한 해결책이 있어도, 실행에 옮기지 않으면 개선도 전진도 있을 수 없습니다. 문제 해결의 마지막 마무리 단계이면서 태만해지기 쉬운 것이 이 해결 행동의 스텝입니다.

　하지만 막상 실행하려고 하면 계획대로 진행되지 않는 것이 많기 때문에, 사전에 상사는 물론이고 직장의 선배나 동료, 거래업자나 고객 등에게도 양해를 구해, 문제 해결을 위해 협력합시다. 여러분의 해결하고자 하는 열의가 전달되면, 주변 사람들도 여러분의 해결 행동을 지원해 줄 것입니다.

문제 해결시에는 **카드**를 활용하자　**04**

　　문제 해결의 6단계에 따라 문제를 파악하거나 해결하기 위해서는, 항상 '메모를 한다'는 점을 명심합시다. 문제의식이 있으면, 언제 어디서라도 문제에 관한 데이터를 파악하거나 해결 힌트를 발견할 가능성이 높아집니다. 그러므로 바로 기록할 수 있는 메모지를 항상 가지고 다닐 필요가 있습니다.

　　가능하다면 많은 정보를 한군데 모아 기록하는 노트가 아닌, 한 장에 하나씩만 정보를 기록하는 카드식 메모장이나 포스트잇 등을 활용합니다. 그렇게 하면 나중에 따로따로 써둔 카드를 몇 장이든 자유롭게 조합하여 문제와 관련된 정보를 정리할 수 있습니다. 여기에서 문제 해결 아이디어를 떠올릴 수 있게 될 것입니다.

　　막연하게 머릿속에서 생각하는 것보다는, 눈과 손을 써서 문제를 하나하나의 요소로 나누어 카드화하는 편이 문제를 보다 빨리, 그리고 깊고 넓게 파악할 수 있는 것입니다.

　　또, 자신의 메모뿐만 아니라 여러 사람이 모여 서로의 메모나 카드를 보여주면서 이야기를 나눔으로써 뇌가 활성화되어, 하나의 정보가 차례차례 몇 가지 정보와 연관되어 새로운 발상을 낳을 수 있는 것입니다.

　　제 경우에는 2.5cm×7.5cm와 7.5cm×7.5cm의 포스트잇을 항상 사용하고 있습니다. 각각 50장 정도의 포스트잇을 전용 케이스에 넣어, 언제 어디서라도 금방 꺼낼 수 있게 가지고 다닙니다. 자신이

　안고 있는 테마에 사용할 만한 기사를 발견하거나 사람과 대화중에 불현듯이 아이디어가 떠오르면, 잊어버리기 전에 그 자리에서 곧장 그 내용을 포스트잇에 메모합니다.

　그러다 조금 여유가 생겼을 때 수첩이나 A4 사이즈의 용지에 정리하여 붙여두었다가, 나중에 회사로 돌아오면 바로 처리할 수 있도록 해둡니다.

발산 사고와 수습 사고를 구별하자　05

　미국의 저명한 심리학자인 J. P. 길포드는, 떠오르는 사실이나 아이디어를 차례차례 제시해 나가는 것을 '발산 사고'라 하고, 그 가운데 중요한 사실이나 좋은 아이디어를 정리하여 문제의 해결책으로 결부시켜 나가는 것을 '수습 사고'라고 했습니다.
　다시 말해, '발산 사고'란 바깥으로 점점 확대시켜 나가는 사고이고, '수습 사고'란 내부로 문제를 집약하여 가는 사고입니다. 문제 해결력을 높이기 위해서는 이 정반대의 사고를 잘 이용하는 것이 중요합니다.
　사람은 '발산 사고'를 할 때면 뇌가 흥분 상태가 됩니다. 자동차 운전에 비유하면 가속 상태입니다. 한편, '수습 사고'를 할 때는 뇌를 진정시킬 필요가 있습니다. 즉, '발산 사고'와 '수습 사고'를 단시간에 반복하는 것은, 자동차에 비유하면 가속한 직후에 급제동을 거는 것과 같아서 뇌에 부담을 주게 됩니다.
　그러므로 발산할 때는 우선 철저하게 '발산 사고'를 하고, 조금 시간을 두고 나중에 집중적으로 '수습 사고'를 하는 편이 무리가 없고 좋은 결과를 얻을 수 있을 것입니다.
　우리 연구소에서는, 신상품이나 시설 등의 이름을 생각하는 명명 개발을 할 때, 이 두 사고법을 철저히 이용합니다. 포스트잇이나 영어 단어 카드를 준비하여, 여섯 명 정도의 발상팀은 두 시간 동안에 800개 정도의 아이디어를 짜냅니다. 이들을 대강 분류하여

 괜찮은 아이디어를 골라냅니다. 그런 다음 최종 후보 몇 점의 이름 아이디어를 엄선하는 것입니다.
 이처럼 문제를 해결할 때는 '발산'과 '수습' 각각 시간을 나누고, 방법도 구별하여 진행하는 것이 포인트입니다.

발산 사고를 할 때는 **발산 규칙을 지키자**   06

문제의 실제 데이터나 해결 아이디어를 내기 위해 '발산 사고'를 할 때는, 자유롭게 사고를 펼쳐 나가는 것이 중요합니다. 때문에 개인이 발상할 때든 팀을 이루어 발상할 때든, 다음의 '발산 사고의 5가지 규칙'을 반드시 지키기 바랍니다. 이것은 브레인 스토밍법의 규칙을 확대한 것입니다.

또, 해결 아이디어를 제시하기 위해 '발산 사고'를 할 때에는, 미국의 광고회사 사장이었던 오즈번이 고안한 '오즈번의 9가지 체크 리스트'에 따라 각 항목마다 문제를 생각하면, 다각적으로 아이디어를 낼 수 있을 것입니다.

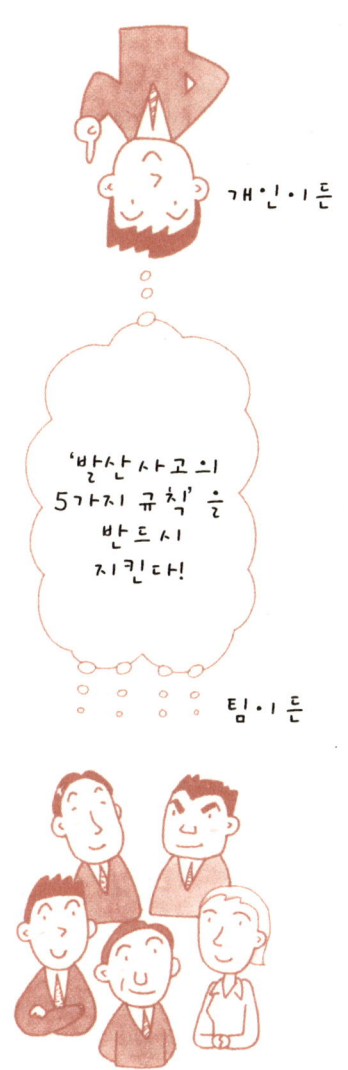

먼저, 문제 해결이란 무엇인지를 알자

발산 사고의 5가지 규칙

① 판단 연기
떠오른 아이디어나 사실에 대해, 이 단계에서는 좋고 나쁨을 판단하지 않는다.

② 자유분방
어떠한 것이라도 자유롭게 발상하며, '이것은 안 된다'는 생각은 하지 않는다.

③ 대량 발상
좋은 것을 만들어내려고 너무 집착하지 말고 편안하게, 되도록이면 많은 아이디어를 낸다.

④ 광각廣角 발상
다양한 분야에 걸쳐 다각적으로 폭넓게 아이디어를 끌어낸다.

⑤ 종합 발전
이미 제시된 아이디어를 발전시키거나 아이디어를 서로 조합하여 발상한다.

오즈번의 9가지 체크 리스트

① ☐ 다른 것으로 전용轉用할 수 없는가
② ☐ 다른 것에서 응용할 수 없는가
③ ☐ 변경할 수 없는가
④ ☐ 확대할 수 없는가
⑤ ☐ 축소할 수 없는가
⑥ ☐ 대용할 수 없는가
⑦ ☐ 재배열할 수 없는가
⑧ ☐ 역전逆轉할 수 없는가
⑨ ☐ 결합할 수 없는가

오즈번의 9가지 체크 리스트의 응용 예

리스트	내용	탁상 조명 스탠드
① 전용	이 상태로 새로운 용도는? 개선해서 다르게 사용할 방법은?	책상 겸용 타입
② 응용	비슷한 것은 없는가(과거에도)? 다른 것을 흉내 낸 것은?	책꽂이형
③ 변경	의미, 색, 움직임, 소리, 냄새, 양식 형태를 변화시킨다	불이 켜지면 열로 향료를 발산
④ 확대	추가, 시간, 빈도, 강도, 높이, 길이, 가치, 재료, 복제, 과장	마루에 두는 이동형
⑤ 축소	줄이기, 작게, 농축, 낮게, 가볍게, 생략, 분할,	원통인형 모양을 한 미니형
⑥ 대용	사람을, 물건을, 재료를, 제법을, 동력을, 장소를	형상기억 재료로 자유롭게 구부려진다.
⑦ 재배열	요소를, 형태를, 레이아웃을, 순서를, 인과관계를, 진행 속도를	백열등과 같이 자유롭게 광원을 변경할 수 있다
⑧ 역전	반전, 전후 반대, 좌우 반대, 역할 전환, 상하를 바꾼다	천장에 매달아 점등하며, 감아 올릴 수 있다
⑨ 종합	브랜드, 합금, 단위를, 목적을, 아이디어를	소리로 점등 가능한 음성 스위치 장착

※ 『독창성을 향상시켜라』 A. F. 오즈번 지음, 우에노 이치로 번역(다이아몬드사)을 참고하여 작성

먼저, 문제 해결이란 무엇인지를 알자

이 '오즈번의 9가지 체크 리스트'를 써서 책상 조명 스탠드의 아이디어를 정리해 예로 제시한 것이, 앞의 '오즈번의 9가지 체크 리스트의 응용 예' 입니다. 여러 방향에서 유연한 발상을 할 때 참고하기 바랍니다.

발산 사고를 할 때는 **발산 기법**을 사용하자   07

'발산 사고'를 하기 위한 대표적인 기법이 '브레인 스토밍(BS)법' 입니다.

이 발산 기법을 생각한 것은 오즈번입니다. 그는 광고를 기획할 때, 영업 담당자와 광고 제작을 하는 카피라이터나 디자이너가 원만하게 공동 작업을 하기 위해선 어떻게 하면 좋을지를 생각했습니다. 그 결과, 영업이나 문안·디자인이라는 각자의 일에만 얽매이는 영역 의식을 없애고, 자유롭게 광고 발상을 하기 위한 'BS법의 4가지 규칙(비판 엄금, 자유분방, 질보다 양, 결합 개선)'을 만들어, 그 규칙에 따라 팀 전체가 회의하는 방법을 생각해 냈습니다. 그리고 브레인(뇌)에서 스톰(폭풍)과 같은 발상을 제시하는 회의 모습에서, 이 방법을 '브레인 스토밍(BS)법' 이라 명하게 된 것입니다.

BS법은 집단으로 행하는 기법(회의)이고, 최대 특징은 다른 멤버가 다른 사람 아이디어에 대해 비판하거나 평가해서는 안 된다는 '비판 엄금'의 규칙을 우선 엄수하는 것입니다.

또한, 앞에서 소개한 '발산 사고의 5가지 규칙'은 이 BS법의 4가지 규칙을 개정하고, 그 위에 '광각廣角 발산'을 추가한 것입니다.

BS법은 보통 직종이나 성별, 연령이 제 각각인 5~8명의 멤버로 이루어집니다. 전원이 얼굴을 볼 수 있도록 책상에 둘러 앉아서, 리더는 진행 역할과 서기 역할을 겸합니다. 모조지나 화이트보드

| 브레인 스토밍은 이렇게 진행한다 |

① 리더가 진행하고, 모든 것을 기록

② 인원은 5~8명 정도

③ 규칙을 지켜서 발언
　　BS법의 4가지 규칙

비판엄금　자유분방　질보다양　종합개선

④ 발언은 전부 기록

⑤ 시간은 1시간 정도가 표준

등을 준비하여 테마를 쓰고, 번호를 매겨가면서 제시된 아이디어를 모두 순서대로, 구체적으로 기입해 나갑니다.

리더는 아이디어가 활발하게 제시될 수 있도록 멤버들의 발언을 재촉합니다.

멤버 전원은 'BS법의 4가지 규칙'을 충분히 이해하여, 서로 자극하지 않는 범위에서 자유롭게 발상을 확대시켜 많은 아이디어를 제시해 나갑니다.

익숙해지면 간단하게 행할 수 있는 기법이므로, 여러분도 직장이나 가정 등에서 일상의 문제 해결을 할 때 한번 활용해 보시기 바랍니다.

08 수습 사고를 할 때는 **수습 기법**을 사용하자

문제의 사실이나 해결책을 정리할 때는 '수습 기법'을 이용합니다. 여기 '수습 기법'의 대표적인 기법의 하나로 'KJ법'을 소개합니다.

'KJ법'이란, 문화인류학자인 가와키다 지로川喜田二郎 씨가 현지 조사의 연구 결과를 정리하기 위해 고안한 기법입니다. 'KJ법'이란 명칭은, 일본 최초의 창조성 연구 단체인 일본독창성협회에서, 제가 그 협회의 위원장 시절 동료와 함께 가와키다 씨의 이름에서 따와 명명한 것입니다.

'KJ법'은 아이디어를 정리하기 위한 '수습 기법'으로써 많은 기업에서 자주 이용되고 있으며, 제시된 아이디어를 비슷한 내용별로 정리하여 전체 구상을 정립하는 데 적합합니다.

기법의 진행 방식은 이렇습니다. 우선 'BS법' 등을 실시하거나, 여러 현장 정보나 여러 사람의 다양한 의견과 아이디어를 알아내서 카드에 기입합니다.

그런 다음 데이터가 지닌 각각의 의미를 생각하여, 본질적으로는 내용이 비슷한 카드를 한데 모아 소그룹을 만듭니다. 그리고 각 그룹에 내용을 대표하는 타이틀을 붙입니다.

그 위에 또다시 비슷한 요소를 지닌 소그룹들을 모아 중간 그룹으로 정리합니다.

다음 페이지의 표는 '일하기 편한 직장이란?'이라는 테마로

KJ법의 예(일하기 편한 직장인이란)

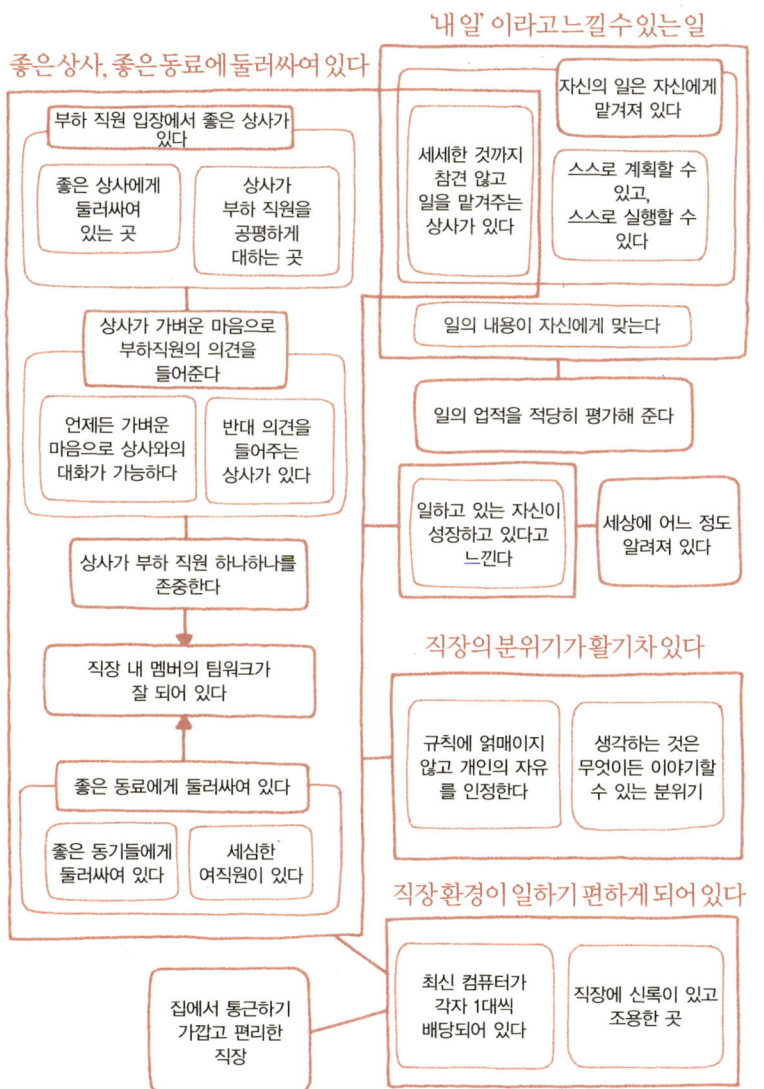

먼저, 문제 해결이란 무엇인지를 알자

발상한 카드를 집약한 'KJ법' 의 예입니다.

　이처럼 'KJ법' 은 비슷한 내용의 카드를 분류함으로써, 문제점을 정리하거나 해결 아이디어를 모으는 데 편리합니다. 문제가 생기면, 관련된 정보를 하나씩 나누어 카드를 만들어 나가다 보면, 차츰 해결책이 보이는 법입니다. '나눈다' 는 것은 '안다' 는 의미이기도 합니다.

Part 2

문 제 해 결 스 텝 1 - 문 제 설 정

문제를 하나로 압축하라

09 문제에는 **발생형**과 **발견형** 2가지 타입이 있다

파트 2에서는 파트 1에서 서술한 '문제 해결의 6단계(20쪽 참조)' 중, 스텝 1인 '문제 설정'에 대해서 구체적으로 설명하겠습니다.

저는 '문제란 이상과 현실 사이의 갭(차이)이다'라고 정의했습니다. 여기서 중요한 것은, 기대되는 이상적인 모습이 무엇이며 현실의 모습은 어떠한가를 확실하게 파악하는 것입니다. 이를 위해서는 우선, 문제가 어떻게 생기게 되었는지를 잘 생각해 볼 필요가 있습니다.

문제 발생은 '발생형'과 '발산형' 두 가지로 나누어집니다.

(1) 발생형 문제

'발생형 문제'란, 대지진이나 태풍 등의 천재, 화재나 사고, 돌발사건, 또는 거래처나 상사가 갑자기 요구하는 것 등, 예측하기 어려운 문제입니다.

'이상과 현실이란 무언가'를 찾을 필요도 없이 문제 그 자체가 눈앞에 닥쳐오므로, 문제는 명확하지만 '단지 뒤처리를 하는 정도의 문제 설정'이 되기 쉽습니다.

(2) 발견형 문제

'발견형 문제'란, 예를 들면 지진이나 사고의 경우 사전에 작은 이상을 발견하는 문제입니다. 또, 거래처나 상사의 문제의식을 앞서 깨달아, 이쪽에서 먼저 문제제기를 하는 것입니다. '예측형 문

문제를 하나로 압축하라

제' 라고도 하기 때문에 미리 '예측에 의한 문제 설정'을 하고, 문제의 발생을 예방하거나 문제를 축소시켜 큰 문제가 되지 않도록 손을 쓸 수도 있습니다.

또한 새로운 일을 시작하는 경우에는, 이상적인 모습을 높게 잡아 일부러 현실과의 갭을 크게 파악하여 스스로 문제를 만들어낸다는, '적극적인 문제 설정'을 합니다. 그렇게 하면, 가령 일본 제일의 지진 대책을 완비할 수 있다든가, 독자적인 판매 시스템을 개발할 수 있는 것입니다.

시장 경쟁이 격화하는 가운데, 앞으로 점점 더 '약점을 장점으로 전환한다' 거나 '위기를 찬스로 살린다' 는 등의 발견형 문제 설정이 요구될 것입니다.

이것은 기업이나 비즈니스뿐만 아니라 개인이나 일상생활에 있어서도 마찬가지입니다. 예를 들어, 만약 당신이 체력이 부족하다고 느꼈다면, 그대로 방치하지 말고 책을 찾아보거나 친구나 전문기관 등에 상담하여, 사람들이 부러워하는 건강체를 손에 넣는다는 목표를 세웁시다. 이처럼 현재는, 사람에게 지적당하기 전에 스스로 문제를 발견하는 자세나 능력이 요구됩니다.

문제가 돌연 발생했다면 **한 템포** 늦춰 보자 10

　돌발적으로 문제가 발생하거나 거래처에서 갑자기 문제를 걸고넘어지는 경우에는, 당황해서 임시방편적인 처리를 하거나 문제를 직시하지 않고 즉석에서 봉인해 버리기 쉽습니다. 그러나 그럴 때일수록 여유를 가져 봅시다.

　눈앞의 상황이나 개인적인 감정 등에 좌우되지 말고, 왜 그런 문제가 발생했는지 객관적이고 냉정하게 문제의 본질이나 원인을 직시할 필요가 있습니다. 본질을 추구하는 자세를 잊지 말고 문제에 대처하면, '누구를 위해, 무엇을 위해, 어디서부터 손을 대서 어디를 목표로 삼으면 될지'가 자연히 파악됩니다. 그러면 일시적이 아닌 근본적인 해결책을 생각할 수 있게 됩니다.

　긴급사태가 발생했을 때 '여유를 갖는다'는 것은 어려운 일입니다. 하지만 '여유를 갖는 일이 스스로 사태를 올바로 파악하는 데에도, 다른 사람에게 그 문제를 제대로 전달하는 데에도 중요하다'는 점이 긴급전화의 예에서도 알 수 있습니다.

　우리들은 경찰에 도움을 요청할 때 '110'번, 불이 났을 때는 '119'번에 전화를 겁니다. 하지만 긴급한 상황이라면 번호가 가까운 '111'이나 '112'에 거는 것이 빠를 것입니다. 요즘의 누르는 전화는 번호에 따른 시간차가 별로 없지만, 이전의 다이얼 전화는 '0'이나 '9'는 다이얼 마지막 부분에 있기 때문에 '11······0', '11······9' 식으로 돌리는 데 시간이 걸렸습니다. 어째서 긴급전화의 세 번

째 숫자를 일부러 먼 번호로 정했는가 하면, '11'을 돌린 후에 '0'이나 '9'가 걸릴 때까지 조금 사이를 두기 때문에, 그동안 잠시 침착하게 문제를 정리하고 신고할 내용을 정리해 달라는 메시지를 담고 있었던 것입니다. 다름 아닌 '여유'의 효과를 노린 것입니다.

일상의 문제 해결은, 1분 1초를 다투는 스피드 해결보다는, 조금 더 시간을 들이더라도 적합한 해결을 요구하는 경우가 많을 것입니다. 문제가 발생했다면 당황하지 말고 '여유'를 갖고 문제 전체를 조망하여, 그 본질이 무엇인가를 정확하게 파악해야 함을 명심하시기 바랍니다.

11. 주어진 문제가 무엇인지 철저히 분석해 보자

문제가 발생했다면 우선 한숨 돌린 다음 마음이 안정되면, 냉정하고 객관적으로 다각도에서 사태를 올바르게 파악하는 것이 필요합니다.

하지만 사람은 문제에 직면했을 때, 자칫하면 자신의 입장에서만 생각하여 많지 않은 정보를 바탕으로 단숨에 '원인은 이거다'라며 자기 방위적인 결론을 내버리기 쉽습니다. 또한 문제를 철저히 분석해 나가다 보면 진퇴유곡에 빠져, '이것 외에는 생각할 수 없다. 이것이 모든 것의 원인이었다'며, 잘못된 판단을 하는 경우도 있습니다.

여러분은 어려운 문제에 직면했을 때, 혹시라도 다음과 같은 과오를 범하고 있지 않은지 스스로 체크해 보시기 바랍니다.

제멋대로 문제에 대처하는 법
1) 의식하고 있지는 않지만, 자신도 모르게 자기 입장을 지키기 위한 정보만 모은다.
2) 정보를 모았다는 사실에 만족해, 각 정보의 정확성을 체크하지 않는다.
3) 모르는 점은 해명하지 않고, 일부 정보만 가지고 문제에 대처하려 한다.
4) 문제에 대한 자신의 이해나 생각에 집착해, 다른 사람의 의견이나 충고를 듣지 않는다.
5) 일단 문제를 분석하고 나면 그로써 끝내버리고, 다른 각도에서 문제를 다시 보려 하지 않는다.

그래서 뜻밖의 트러블이나 일의 과제 등, 주어진 문제에 대해 그 본질은 무엇인지를 확실하게 파악한 뒤 문제 설정을 하기 위해서는, 다음의 체크 리스트에 따라 처리해야 하는 문제를 되도록이면 하나로 집약하는 것이 중요합니다.

여기서 문제 설정을 할 때 명심해야 하는 포인트를 '문제 설정을 위한 체크 리스트' 로서 실어두겠습니다.

문제 설정을 위한 체크 리스트

1) 문제 가운데 특히 무엇이 중요한가 (중요도)
2) 문제 중에서 지금 바로 손을 써야 하는 일은 무엇인가 (긴급도)
3) 앞으로도 확대될 문제는 없는가 (확대 경향)
4) 문제 중 어느 부분이 해결 아이디어를 낼 수 있는가 (해결 가능성)
5) 문제를 어떻게 집약해야 멤버가 공유할 수 있는가 (멤버의 관심도)
6) 문제는 자기뿐만 아니라 다른 사람도 해결해야 한다고 생각하는가 (주변과의 일치도)
7) 문제는 언제까지 해결해야 하는가 (스케줄화)
8) 문제는 멤버의 지식, 경험, 데이터를 활용할 수 있는 것인가 (협력 요청도)

이런 여러 가지 면을 꼼꼼히 체크하여 확실하게 대처할 수 있는 문제는 무엇인가를 생각해 나갑시다.

신변에 문제가 없는지 찾아보자　12

　문제가 무엇인지 확실히 알고 있을 때는 괜찮지만, 문제가 명료하지 않거나 문제의 존재 여부조차 모르고 있는 경우도 있습니다.

　처음부터 '어차피 무리니까 ~할 수 없다'고 포기하거나 '나뿐만 아니라 모두가 불편한 일이니까, 그냥 참자'고 생각하고 있다면, 눈앞에 문제가 가로놓여 있어도 그것을 문제라고 인식하지 않게 됩니다.

　그러나 이와 같은 과거의 체험이나 일반상식에 의한 기성관념에서 한 걸음 내딛어 스스로 적극적으로 일상에서 느끼는 불만이나 불편에 눈을 돌려 보면, 지금까지 깨닫지 못했던 문제를 찾을 수 있을 것입니다. 그리고 그 시점부터 '방법을 바꾸어 조금씩 개선할 수 없는가'나 '협조자의 힘을 빌려 하나라도 불편한 점을 해소할 수 없는가' 하는 식으로, 발견한 문제에 대처할 수 있습니다.

　어느 판매회사에서 있었던 이야기입니다. "상사가 다른 부하 직원에게는 명령조로 말하지 않는데, 나한테는 항상 명령조로 일을 지시하는 것처럼 여겨집니다. 실수를 한 것도 아닌데, 왜 그런지 원인을 알 수 없습니다. 저만 미움을 받고 있는 것일까요"라며 고민하는 사원이 있었습니다.

　그래서 사내 카운슬러가 상사에게 그 부하 직원의 고민을 이야기해 보았더니, 상사가 그 사람에게 심하게 잔소리를 하는 것은

문제를 하나로 압축하라

사실 상사가 학력 콤플렉스를 가지고 있기 때문이라는 점이 판명되었습니다. 고졸인 상사는, 대졸로 장래를 촉망받으며 입사한 부하 직원이 아무래도 마음에 들지 않았던 것입니다. 비즈니스 세계는 학력보다 실력이라는 상사의 생각(불만)이 고압적인 태도를 취하게 된 것입니다. 상사의 기분(불만)을 알아채지 못한 부하 직원도, 역시 단순히 '상사는 나를 이해해 주지 않는다' 고 고민(불만)이 심해졌을 뿐, 진짜 원인은 추구하지 않았습니다.

이와 같은 불만이 뒤얽힌 경우를 '숨겨진 문제' 라고 합니다. 다른 사람으로부터, 혹은 상대방이나 자기 자신조차 명확하게 문제시하지 않아도 거기에는 문제가 있는 것입니다.

신변의 불만이나 불편으로부터 눈을 돌리지 말고 계속 추구해 나간다면, 문제가 존재한다는 것을 알아차리게 될 것입니다. 또 막연한 상태로 문제를 파악하는 것이 아니라, 철저하게 문제를 규명해 명확하게 만들어가는 것이 중요합니다.

불만이란 가장 좋은 상태를 바라는 문제의식이나 향상심이 드러난 것입니다. 선술집에서 투덜대며 불평불만을 하기보다는, 불만의식에 불을 붙여 문제 해결이나 변혁에 탄력성을 가지게 합시다.

문제를 하나로 압축하라

13 문제를 발견했다면 주위에 문제를 제기해 보자

문제를 발견했다면 주변 사람에게 "당신도 나와 마찬가지 문제를 안고 있지 않습니까? 문제에 대한 정보나 의견이 있으면 알려주세요"라고 물어보거나, 인터넷을 통해 "이런 불편을 해소하는 방법이 있다면 가르쳐주세요"라고 문제를 제기해 봅시다.

예를 들면, 도쿄 도내를 달리는 지하철의 '출구·환승 지도'를 생각해 낸 것은 아이를 키우는 평범한 주부였습니다. 그녀는 어린 아이를 데리고 지하철을 갈아타면서 헤매거나, 출구 방향을 잘못 잡아서 연결통로를 한쪽 끝에서 다른 쪽까지 걷는 것이 무척이나 힘들다는 불만을 품고 있었습니다.

또한 그녀는 그 불만이 자신뿐만 아니라 다른 부모나 임산부, 고령자, 짐을 많이 든 사람, 다리가 불편한 사람 등 누구나가 겪을 수 있는 문제라는 점도 깨달았습니다. 그리하여 스스로 지하철역을 하나씩 걸어서, 목적지 역에 도착하면 헛걸음하지 않고 움직이는데 딱 알맞은 위치가 전철의 몇 번째 칸인가를 안내하는 지도를 작성했습니다. 그리고 역에 그 지도를 붙이기 위해, 주변 사람을 비롯한 관계기관에 '지하철 출구 및 환승 지도'를 제안한 것입니다.

이것은, 우리 주변의 불만이나 불편에 문제가 존재한다는 점을 알았을 때 방법이 없다고 포기하지 않고, 스스로의 문제를 주변에도 알리는 행동을 취함으로써 멋진 문제 해결을 도모한 예라 할 수 있습니다.

문제를 하나로 압축하라

자신에게 일어난 문제라고 해서 자신과 극히 일부 사람들에게만 한정해서 생각하고 조용히 해결하려고 하면, 임시방편적이며 불충분한 자기만의 대응에 그치게 됩니다. 문제는 모든 사람에게 공통되는 경우가 많습니다. 제1차 대응책은 스스로 짜낸다고 하더라도, 그 다음은 주변 관계자들에게 문제를 제기하여 많은 정보와 지혜가 집결될 수 있도록 합시다. 그리고 최종적으로는 자신만의 문제가 아니라 다른 사람에게도 일어날 수 있는 문제로 파악하여 근본적이고 발전적인 해결을 추구하시기 바랍니다.

큰 문제는 물론이고, 비록 작은 실패나 클레임, 상대방의 오해에 의한 트러블이라도 직장이나 가정에서 모두가 자신들의 문제라고 인식했을 때, 이것은 각자의 일이나 생활을 개선하는 서로의 '공통 문제'가 되는 것입니다.

문제는 가능한 한 작게 축약하자 14

일반적으로 문제는 몇 개의 작은 문제가 얽혀서 발생합니다. 따라서 그것을 별개의 문제로 떼어내지 않으면 해결의 실마리를 잡을 수 없습니다. 또한 각각의 문제는 몇 가지 고유의 원인이 있으므로, 하나씩 원인별로 나누어 대책을 강구할 필요가 있습니다.

만일 당신이 '영어실력을 향상시키고 싶다'는 문제를 안고 있다면, '토익에서 650점을 따고 싶다'와 같이 구체적인 하나의 테마로 집약하는 것입니다.

어느 건설회사에서 '현장의 사고를 줄이기 위해서는?' 이라는 테마를 가지고 해결책을 검토한 결과, 추상적인 대책만 제시될 뿐 실천할 수 있는 유효한 아이디어는 별로 없었다고 합니다. 그래서 '현장에서 전원에게 헬멧을 착용하도록 하려면 어떻게 하면 좋을까?' 라는 식으로 테마를 구체화하자, 놀랄 정도로 좋은 아이디어가 많이 모였다고 합니다.

문제를 세분화하기 위해서는, 다음과 같이 항목별로 문제를 분석해 나갑시다.

1) 처음 발생한 문제인가, 지금까지 일어난 적이 있었던 일인가? 발생 빈도는?
2) 다른 부서나 사람에게도 일어난 적이 있는 일인가? 다른 것과의 공통점은?
3) 개인적인 문제인가, 다른 부서나 사람과 관계된 문제인가?
4) 문제가 일어난 장소, 일시, 직접적인 담당자나 관계자는?
5) 문제 발생의 내용, 방법, 원인, 영향은?

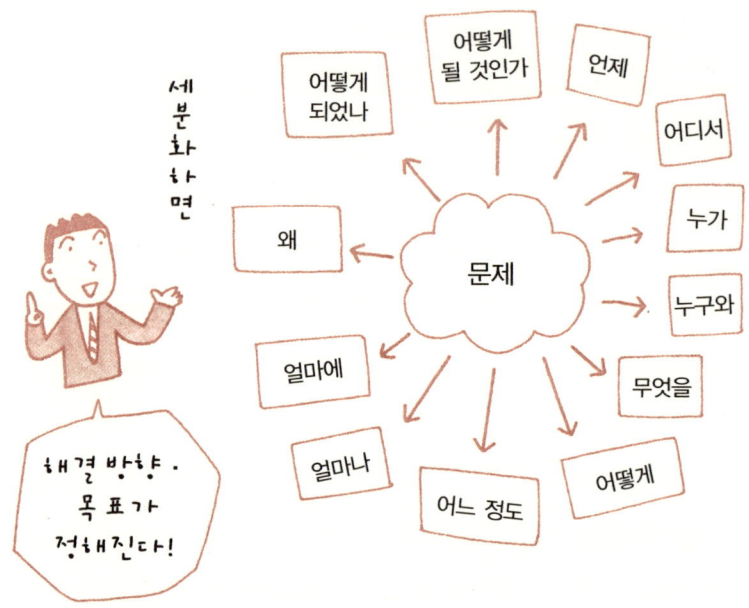

6) 문제에 대해 다른 사람으로부터 클레임이나 요청, 지원은 있었는가? 등등

    즉, '언제, 어디서, 누가, 무엇을, 왜, 어떻게 되었는가, 어떻게 될 것 같은가' 등의 각 요소별로 문제를 나누어 갑니다.
    문제가 세분화되면 시급히 스스로 개선해야 하는 문제점이나 조직 단위로 손을 대야 하는 문제의 핵심, 또는 상대방과 시간을 두고 교섭해야 하는 테마 등, 해결 방향이나 목표가 정해지는 것입니다.

일단 발견한 문제에 대처하자　15

　여러 방향에서 문제를 세분화해도 문제의 핵심이나 근본 원인을 확실히 파악할 수 없을 때에는, 반드시 핵심이 아니더라도 그 시점에서 발견한 문제에 대응합시다. 문제를 앞에 두고 손 놓고 있다면 아무런 개선이나 해결도 되지 않을 뿐 아니라, 문제는 점점 커지고 깊어지며 악화됩니다.

　일단 문제가 발견되었다면 '무언가 해결책이 있을 것이다' 라는 긍정적인 사고로, 주저앉지 말고 성의와 열의를 다해 대처합시다. 그러면 조사하는 동안 사태의 배경이 파악되거나, 여기저기서 관련 정보가 들어올 것입니다. 스스로가 긍정적이고 적극적으로 움직임으로써 상황도 달라져 호전될 것입니다.

　미국 뉴욕시에서는 거리 주차위반을 철저하게 단속함으로써 시내에서 발생하는 범죄 건수를 격감시켰습니다. 뉴욕시 경찰은 대형 범죄를 줄이기 위해서 큰 규모의 충분한 경비 체제를 갖추는 것은 곤란했기 때문에, 우선 작지만 주차위반에 초점을 맞추어 단속을 했다고 합니다. 결국 주차위반(작은 문제)이 줄고 거리가 정리되자, 대형 범죄나 사고(큰 문제)도 덜 발생했던 것입니다.

　문제를 발견했다면, 가능한 것부터 하나씩이라도 조그마한 일에 대처하는 것이 큰 문제 전체의 해결로 이어집니다.

　또한 긴급한 문제가 아닌 경우에는 '시간이 해결해 준다' 고 하듯이, 시간이 경과하면 문제를 둘러싼 환경이나 조건이 변화하여 문제 자체가 자연스럽게 풀리는 경우도 있습니다. 그런 경우에는 초조해 하며 포기하지 않고 제대로 눈앞의 문제를 직시한다면, 문제가 풀리는 것을 놓치는 일 없이 사태를 받아들여서 문제의 핵심이 무엇인가를 파악할 수 있을 것입니다. 서둘러 잘못된 문제 설정을 하기보다는, 우선은 문제를 직시하고 다소 시간이 걸리더라도 진짜 문제가 무엇인지를 알아내는 편이 최종적으로는 문제의 해결을 빠르게 하는 경우도 있습니다.

    문제를 일으키는 것도, 분석하고 설정하는 것도, 해결책을 생각하는 것도 사람입니다. 여러분 스스로가 문제에 대처하는 자세나 열의가 사람들에게 파급되어 문제 해결에 도달한다고 생각하며 적극적으로 대처합시다.

문제를 하나로 압축하라

16 철저하게 재고하여 **문제의식**을 높이자

　　문제 해결의 제1스텝은 문제 설정이며, 일단 문제 그 자체를 찾아내는 것입니다.

　　이를 위해서는 항상 자신의 테마를 가지고, 그 테마에 대해 지속적으로 '문제의식'을 갖는 것이 중요합니다. 실제로 문제 해결을 하는 모든 단계에서도 '문제의식'은 간과할 수 없습니다. 같은 것을 봐도 '문제의식'이 있는가 없는가에 따라 사람의 반응은 다릅니다.

　　일본인 최초로 노벨상을 수상한 유가와 히데키湯川秀樹 박사는, 태풍이 상륙해서 창문이 덜컹거리는 바람에 깊게 잠들지 못하고 있을 때, 갑자기 머릿속에 '중간자론' 아이디어가 떠올랐다고 합니다.

　　또, 닛세이日淸식품의 창업자인 안도 모모후쿠安藤百福 씨는 부인이 저녁 반찬으로 튀김 만드는 것을 보고, 면을 기름에 튀겨 건조시킨 다음 뜨거운 물로 다시 원래 상태로 만드는 세계 최초의 '인스턴트 라면'을 생각해 냈다고 합니다. 게다가 '컵라면' 용기의 밀폐 방법은, 국제선 비행기 안에서 마카다미아를 제공받았을 때, 너트 용기의 종이에 호일 재질을 붙인 뚜껑을 보고 힌트를 얻었다고 합니다.

　　이처럼 '무슨 문제는 없는가', '어떻게 하면 테마를 해결할 수 있을까' 라는 문제의식을 강하게 가지고 있는 사람들은, 졸고 있을

문제를 하나로 압축하라

때나 전혀 다른 일을 하고 있을 때라도 항상 문제와 관련된 '정보를 민감하게 수집할 수 있는 감성'이 예민하게 작용하고 있습니다. 그리하여 머리가 문제를 찾아내거나 추구하듯이 움직이는 것입니다.

테마에 대한 전문지식이나 아이디어 발상의 순서와 기법을 배우는 것 못지않게 '강렬한 문제의식 하에 집념을 가지고 문제를 추구해 가는' 자세를 몸에 익히는 것이 문제 해결에는 빠뜨릴 수 없는 일입니다.

다만, 문제의식은 강해도 고정관념 때문에 융통성이 없다면, 정보를 예민하게 수집하는 센서(감성)가 둔해지기 마련입니다. 과거의 사례나 일반상식에 사로잡히지 말고 평소에도 호기심을 버리지 말고, 여러 가지 체험을 하며 크게 감동받고 감격하며, 머리와 마음이 자유롭게 움직일 수 있도록 재충전할 필요가 있습니다. '문제의식'과 함께 '문제에 대한 감성'을 높입시다.

Part 3

문 제 해 결 스 텝 2 "문제파악"

철저히 원인을 규명하라

17 문제의 발생 현장을 철저하게 조사해 보자

파트 3에서는 파트 1에서 서술한 '문제 해결의 6단계(20쪽 참조)' 중, 스텝 2인 '문제 파악'에 대해서 구체적으로 어떤 식으로 추진해 가면 되는가를 설명하겠습니다.

문제 파악을 할 때 가장 중요한 것은 정보 수집입니다. 좋은 정보를 입수할 수 있는가의 여부에 따라 무리하거나 낭비하지 않고 빈틈없이, 정확하게 문제를 파악할 수 있는지가 결정되기 때문입니다. 이 정보 수집의 포인트는 '생생한 정보', 즉 '1차 정보'를 폭넓고 집중적으로 모으는 것입니다.

이 '생생한 정보'를 모으기 위해서는 자신의 '사고' 뿐만 아니라 오감·체력 등 모든 것을 총동원시켜야 하는데, 이를 위해서는 '4고四考'가 불가결합니다.

'4고'란 제가 만든 말로, '족고足考', '구고口考', '심고心考', '수고手考'의 네 가지를 말합니다.

족고足考 — 스스로 발로 뛰어 여기저기를 다니며 문제가 생긴 상황을 자기가 직접 조사하는 것을 말합니다. 문제가 발생한 현장에 직접 가서 문제를 구체적으로 파악합니다.

구고口考 — 문제가 발생한 현장이나 그 주변에서 직접 여러 사람에게 질문을 하거나 이야기 나누는 것을 말합니다. 입이나 귀를 사용해 알기 힘든 문제의 배경을 살펴 나갑니다.

심고心考 — 보거나 들은 사실로부터 자신의 마음에 와 닿는 정보

정보 수집에 필요한 '4고'

를 클로즈업하여 문제의 세세한 부분까지 좀더 깊이 생각합니다.

수고手考- 문제의 발생 현장에서 직감적으로 관련 있다고 느껴지는 정보나 다른 사람에게 들은 내용을 손을 사용해 자세히 메모하거나, 본 것을 사진으로 찍어 문제를 파악하는 힌트로 삼습니다.

또한 커다란 문제나 사회적인 테마라면 서점이나 도서관, 전문기관에 가서 자료를 모을 필요가 있습니다. 혹은 인터넷에서 홈페이지나 데이터베이스를 참조해, 이미 누군가가 모아둔 '2차 정보'를 수집하는 것도 유효합니다.

문제 파악을 할 때는, 고정관념이나 탁상 데이터에 얽매이지 않도록 우선 현장을 철저하게 조사하여, 현장에서 문제의 메커니즘과 사실을 파악합니다. 그런 다음 주변 정보를 플러스하여 문제를 객관적이고 다각적으로 분석해야 합니다.

디지털 카메라나 비디오로 현장을 잘 찍어서 분석하자 **18**

문제를 파악하기 위해서는, 디지털 카메라나 비디오를 이용하여 일단 문제와 관련된 모든 현장을 돌아다니며 조금이라도 문제와 관련이 있을 것 같은 것이나 장면을 닥치는 대로 찍습니다. 그중에서 문제를 해결하는 데 힌트가 될 만한 것으로, 조금이라도 마음에 걸리거나 이상하다고 느끼는 사진을 골라 보면서 문제를 분석해 나갑니다. 시각적인 자극을 받아, 그때까지 알아차리지 못했던 현장의 상황이나 다른 장면과 비교해 발견한 차이점 등을 알게 되어, 세세한 부분까지 분석할 수 있을 것입니다.

저는 이처럼 디지털 카메라나 비디오를 사용한 발상법을 '시각적 발상법'이라 이름 짓고, 제가 강사로 일하는 기획력 육성 연수 등에서 실시하고 있습니다. 그러자 연수 후에 참가자들은 이 '시각적 발상법'을 일상적인 업무에도 활용하여, 다양한 현장의 문제를 해결하고 있다고 합니다.

예를 들면 '개선'이라는 테마를 안고 있는 직장에서는, 개선해야 하는 장소나 물건을 닥치는 대로 촬영합니다. 그리고 그 사진이나 비디오를 화면에 비추어 팀이 함께 개선 회의를 엽니다. 세세한 움직임이나 부품, 자료의 수납 상태 등, 몇 번이고 되돌려 보면서 개선해야 할 사항을 검토할 수 있습니다.

또한 아이디어 발상의 경우, 촬영 대상은 테마와 관련된 것에만 국한되지 않습니다. 오히려 별로 관련은 없지만 발상이 확대되

어 독특한 아이디어를 얻을 수 있을 만한 영상을 찍어, 멤버가 함께 화면을 보면서 아이디어 회의를 하는 것도 좋은 방법입니다.

혹은 직접 데이터와 관련 없는 통근 광경을 보면서 멤버들이 느끼는 감상이나 잡담을 나누어 자유롭고 개방적인 분위기가 이루어지면, 거기서 획기적인 아이디어나 독특한 발상이 생기기도 합니다.

이처럼 '시각적 발상법'은 한 사람이건 팀이건, 간단히 즉석에서 시각적이며 다각적으로 현실이나 현장을 파악할 수 있기 때문에, 문제를 파악할 때 꼭 한번 도입해 보기 바랍니다.

19 문제에 대해 여러 사람의 의견을 듣자

내용이나 규모의 대소를 불문하고 어떤 문제라도 그것을 파악하기 위해서는, 문제와 관련이 있는 사람 전원이 '지금, 무엇에 문제가 발생했는가'를 알고 있으며, '이 문제는 해결해야 한다'고 인식할 필요가 있습니다. 즉, 사람들의 '문제 공유화'가 불가결한 요소입니다.

이 '문제의 공유화'를 도모하는 가장 좋은 방법은, 문제에 조금이라도 관련 있는 사람들이 문제 파악에 적극적으로 참가하는 것입니다.

가능하다면, 아직 문제 해결의 구체적인 방향이나 방법, 순서가 보이지 않는 단계에서부터 모든 사람이 참가하도록 유도합시다. 담당자를 정하고, 각자의 시점이나 입장에서 문제를 조사하거나 정보를 수집하도록 합시다. 해결하려는 상황에서, 막다른 곳에 이르러서 혹은 아이디어가 더 이상 나오지 않게 되고 나서 갑자기 도움을 청해 보았자, 참가자도 일에 열중할 수 없으며 질 높은 협조를 얻을 수 없습니다.

아무리 문제의 담당자가 자기 한 명이고, 해결해야 하는 것도 개인이라 할지라도, 문제를 파악하기 위해서는 많은 사람들의 힘을 활용할 필요가 있습니다. 팀 차원의 '다양한 정보'에서 '확실하고 중요한 정보'를 얻을 수 있고, 바로 '양'이 '질'로 바뀌어 갑니다.

절대로 문제의 파악이나 분석만을 서두르지 말고, 우선은 문제에 대해 직접·간접적으로 가능한 한 여러 사람에게 많이, 그리고 자세히 의견을 들읍시다.

이렇게 다른 사람에게 정보를 수집할 때는 다음 사항에 주의합시다.

다른 사람에게 정보를 수집할 때의 포인트
1) 질문하기 전, 우선 질문의 주지를 잠깐 설명한 다음 협력을 구한다.
2) 'A에 대해 어떻게 생각합니까?'가 아니라 'A는 사용하기 어렵지 않습니까? 지금까지 A 사고가 발생한 적은 없습니까?'라는 식으로 구체적인 질문을 한다.
3) 알고 있는 정보라도 상대방이 이야기하기 시작하면 도중에서 가로막지 말고 끝까지 듣는다.
4) '그렇군요'라며 상대방의 이야기에 맞장구를 치면서, '그래서 어떻게 되었습니까?' 하고 상대방의 이야기를 이끌어낸다.
5) 사실인지 상대방 의견인지를 제대로 확인하면서 듣는다.

청취 자세는 상대방을 잘 쳐다보는 것이 중요합니다. 단지 상대방의 말을 듣는 것이 아니라, 상대방의 기분까지 사로잡는 것이 중요합니다. 그렇게 하면 상대방이 말은 '예스'라고 해도 실은 '노'라고 한다는 사실을 알 수 있습니다.

사실인지 추측인지를 확실하게 밝혀내자 20

관련 정보를 수집하고 문제를 파악하려고 할 때, 우리들이 빠지기 쉬운 오류가 '사실과 추측을 구별하지 않고 문제를 파악한다'는 점입니다.

그 원인은 다음 두 가지입니다.

(1) 사실을 사실로써 인식하는 눈을 잃었다

담배를 좀처럼 끊지 못하는 사람은 '담배를 피우면 폐암에 걸릴 가능성이 있다'는 정보를 접해도, '담배는 스트레스 해소에 좋다'는 등, 자신에게 유리한 정보만을 중시해 버립니다. 그래서 금연에 실패하는 것입니다.

이런 예에서 보듯이 사람들은 자기도 모르게 잠재의식이나 고정관념, 개인적인 감정을 가지고 자기가 보고 싶은 대로, 듣고 싶은 대로 문제를 이해하는 경향이 있습니다. 있는 그대로의 사실을 인정하지 않고, 자기 나름대로 추측하고 규정해 버리는 것입니다. 그러면 사물을 정확하게 파악할 수 없게 되어, 편중된 판단을 해버릴 위험성이 생깁니다.

(2) 정보 수집 방법이 허술하다

여러분은 애매한 정보나 부분적인 데이터를 있는 그대로 받아들이지 않고, 무심코 도중에 자기 식으로 가공해서 자기 마음대로 기정사실로 판단하지 않습니까? 또, 사실인지 추측인지를 확인하지 않고, 자기에게 유리하게 정보를 판단하지 않습니까?

철저히 원인을 규명하라

문제를 올바르게 파악하기 위해서는 다음 사항에 주의합시다.

문제를 파악할 때 주의점

1) 가능한 한 폭넓게, 세세한 부분까지 구체적으로 정보를 수집한다.
2) 언제·어디서·누구(무엇)에게 얻은 정보인지를 메모하고, 정보의 신빙성·정확성(오해, 억지, 아는 척, 착각, 실언 등)을 알아낸다.
3) 모은 정보가 사실인지 추측인지를 확인한다.
4) 모은 정보를 서로 맞춰 보면서 모순이 없는지를 검토한다.
5) 모은 정보에 힌트나 부족한 부분, 불확실한 점, 의문점 등이 있다면 조금 더 조사한다.
6) 정보를 잠재의식이나 고정관념, 주관에 의해 판단하지는 않았는가를 스스로 체크한다.
7) 문제를 서둘러 파악하지 말고, 무리하게 결론을 내지 않는다.
8) 많은 사람들의 의견을 잘 듣고 나서 문제를 파악한다.

즉, 문제를 파악하는 데 있어서는 다각적으로 모은 정보를 세심하게 주의를 기울여 판단하는 것이 중요합니다.

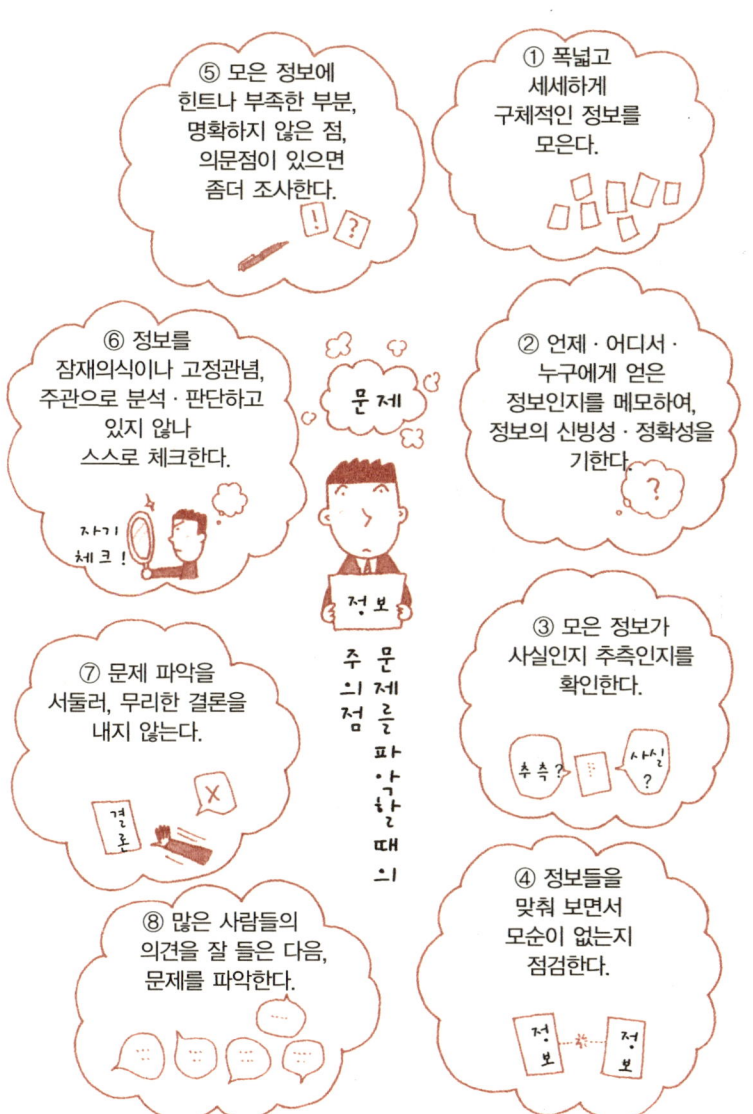

21 지금까지의 방법이 올바른지 의심해 보자

지식이나 정보를 단지 보유하는 것만으로는 아무런 도움도 되지 않습니다. 그 지식이나 정보로부터 '어, 뭔가 이상한데…'라고 감지하여, 그것을 '어디가 안 좋은 것일까', '무엇이 잘못되었을까'를 추궁하지 않으면 문제를 파악할 수 없습니다.

이렇게 '어?'라고 느끼는 힘, 즉 문제의식이 여러분의 사고나 행동을 활성화시켜 문제를 파악하게 되는 것입니다.

그러나 현대는 풍부한 상품, 서비스나 매뉴얼, 모범 답안 등이 마련되어 있어서 선택만 하고 지시대로 움직이기만 하면 되는 경우가 많습니다. 이런 쾌적한 생활을 할 수 있는 지금, 우리들은 단지 문제를 수동적으로 받아들여 대응하는 경우가 많고, 스스로 '이상하다'나 '왜'라고 자문하는 것을 잊어버리고 있습니다.

스스로 문제를 파악하는 능력을 기르기 위해서는 천편일률적인 생활을 개선할 필요가 있습니다. 고정적이고 수동적인 사고나 행동에서 벗어나, 유연성 있고 능동적으로 대처하도록 합시다. 어제와 똑같은 일만 반복하지 말고, 어제와는 다른 방법으로 '바꾸어 보는' 것입니다.

예를 들어, 출근시간에 평소보다 30분 일찍 전철을 타서 버스를 이용하지 않고 걸어 본다고 합시다. 그것만으로도 풍경이나 가게, 간판, 전철의 승객 등이 다르다는 점을 알게 되고, 기분도 발상도 달라질 것입니다.

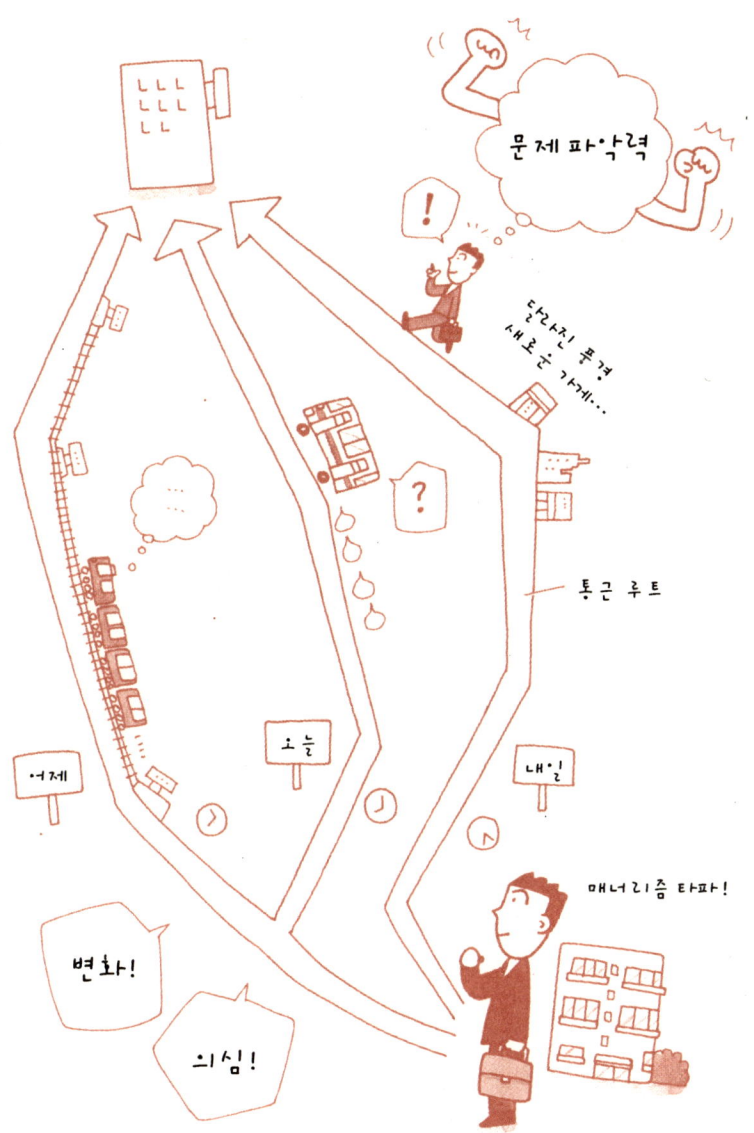

혹은 지금의 통근 방법이 가장 적당한 것인지를 '다시 생각해 본다' 면, 의외로 가까운 길이나 지름길, 차비가 덜 드는 방법을 발견할지도 모릅니다.

보드 마커는 원래 필기구입니다. 하지만 심에 불을 붙이면 양초 대신으로 쓸 수 있습니다. 이처럼 보는 각도에 따라 다른 사용 방법을 발견하는 경우도 많이 있습니다.

회사에서도 항상 '바꿔 보자', '다시 생각해 보자' 는 자세를 가지도록 합시다. 상대방이 OK하고 했지만, 정말로 지난번과 마찬가지 계약 내용으로도 상관없는가를 '다시 생각해 보고', 어제보다 확실하고 빠르고 싸며 쉽게 하기 위해서는 어떻게 하면 좋을지 생각해서 새로운 방법으로 '바꾸어 봅시다'. 이런 식으로, 문제의식을 가지고 대처한다면 진정 일을 했다고 할 수 있을 것입니다. 평소대로 그저 기본적인 일만을 해내는 것은 '일을 하는 것'이 아니라 단순한 '작업'을 한 셈입니다. 격변하는 사회에서는 변화의 징조를 민감하게 파악하여, 스스로 '문제제기'를 할 수 있는 인재가 요구됩니다.

카드 BS법으로 원인을 규명하자 22

'카드 BS법'이란, 카드를 사용해서 자유롭게 발상을 부풀려 나가는 '브레인 스토밍(BS)법(33쪽 참조)'을 사용하는 것으로, 저자가 고안한 발산기법입니다.

'BS법'에서는 제시된 아이디어를 분류하고 정리하는 등의 뒤처리가 불편하기 때문에, '카드 BS법'에서는 카드를 이용함으로써 그 불편함을 없앤 것입니다.

또한 'BS법'은 참가자들이 발언을 하면서 진행되기 때문에, 아무래도 발언양이 많은 사람이나 지위가 높은 사람들이 중심이 되기 쉽습니다. 그래서 구두발표에 의한 집단 발상과 카드에 기술하는 개인 발상을 요령껏 조합하여, 멤버 전원이 공평하게 발언할 수 있게 하는 '카드 BS법'이 편리합니다.

이 '카드 BS법'을 통하여 한 사람 한 사람이 문제의 핵심에 다가서는 것과 동시에, 각자의 생각을 발표해서 자유롭게 의견을 나누며 문제의 원인을 파악해 갑시다.

진행 방법은 이렇습니다. 우선 각자가 데이터에 대해 5분간 침묵하면서 각 개인이 발상을 하여, 생각난 사항을 카드 한 장에 하나씩 기입하는 개인 발상 시간을 갖습니다.

그 다음 순서대로 발표하는 시간에는, 자기 순서에 자신이 쓴 카드를 한 장씩 읽으면서, 그 카드를 멤버 전원이 볼 수 있도록 책상 가운데에 늘어놓습니다. 만일 다른 멤버가 자신이 쓴 아이디어를 앞서 발표했다면, 자기가 가지고 있는 같은 내용의 카드는 폐기합니다. 여기서는 '발산 사고의 5가지 규칙(30쪽 참조)'을 준수하는데, 만일 다른 멤버가 발표한 아이디어에 대해 모르는 점이 있으면 질문할 수 있습니다. 그렇게 다른 사람의 아이디어에서 힌트를 얻어 자신의 카드에 새로운 아이디어를 추가하는 것입니다.

두세 명이 아이디어 발표를 못하는 상황이 되었다면, 다시 5분간 개인 발상을 하여 각자 카드에 기입합니다. 5분이 지나면 다시 멤버들이 순서대로 발표하고 카드를 늘어놓습니다. 이처럼 개인 발상과 순서 발표를 제한시간까지 반복해 나갑니다. 이런 식으로 'BS법'을 행했다면, 그 다음에는 'KJ법' 등을 사용하여 전원이 함께 아이디어를 정리, 평가하여 결론을 냅니다.

'카드 BS법'은 제시된 아이디어가 모두 카드화되기 때문에 정리하기 쉽고, 개인이건 집단이건 효율적으로 문제를 파악·해결할 수 있을 것입니다.

철저히 원인을 규명하라

23 피쉬 본fish bone법으로 원인을 추구하자

'피쉬 본 법'이란 그 이름대로 '물고기 뼈'처럼, 문제의 결과(특성)가 어떠한 원인(요인)에 의해 야기되었는가를 도식화하여 문제점을 파악하고 해결하는 사고기법입니다. 이 때문에 '특성요인도법'이라고 불립니다.

다음 그림과 같이 화살표 앞부분에는 특성, 즉 문제가 되고 있는 결과를 기입합니다. 그리고 그 특성에 영향을 미친 모든 요인을 '요인과 결과'의 관계를 찾아서, 큰 것에서부터 작을 것으로 기입해 갑니다.

하나의 그림으로 나타냄으로써 개선해야 하는 중요한 원인을 발견하기 쉬운 것이 특징입니다. 앞에서 서술한 '카드 BS법'이 발산 기법이라면, 이 '피쉬 본 법'은 수습 기법입니다. 발상을 부풀린 다음에, 발상을 정리하여 문제를 분석하고 원인을 파악하자는 방법입니다.

진행 방법은, 우선 '무엇이 어떻게 되어 있는지'를 '명사+동사'의 표현 방식으로 특성(문제의 결과)을 오른쪽 끝에 써 넣습니다.

다음에 문제와 관계가 있는 사람들을 중심으로 '카드 BS법' 등으로 검토하여 요인(문제의 원인)을 전부 끄집어냅니다. 이 카드를 '원인 카드'라고 합니다.

그 원인 카드를 비슷한 내용별로 분류하고, 불필요한 것은 버리거나 필요한 사항은 추가하기도 합니다. 그 다음 큰 뼈, 중간 뼈,

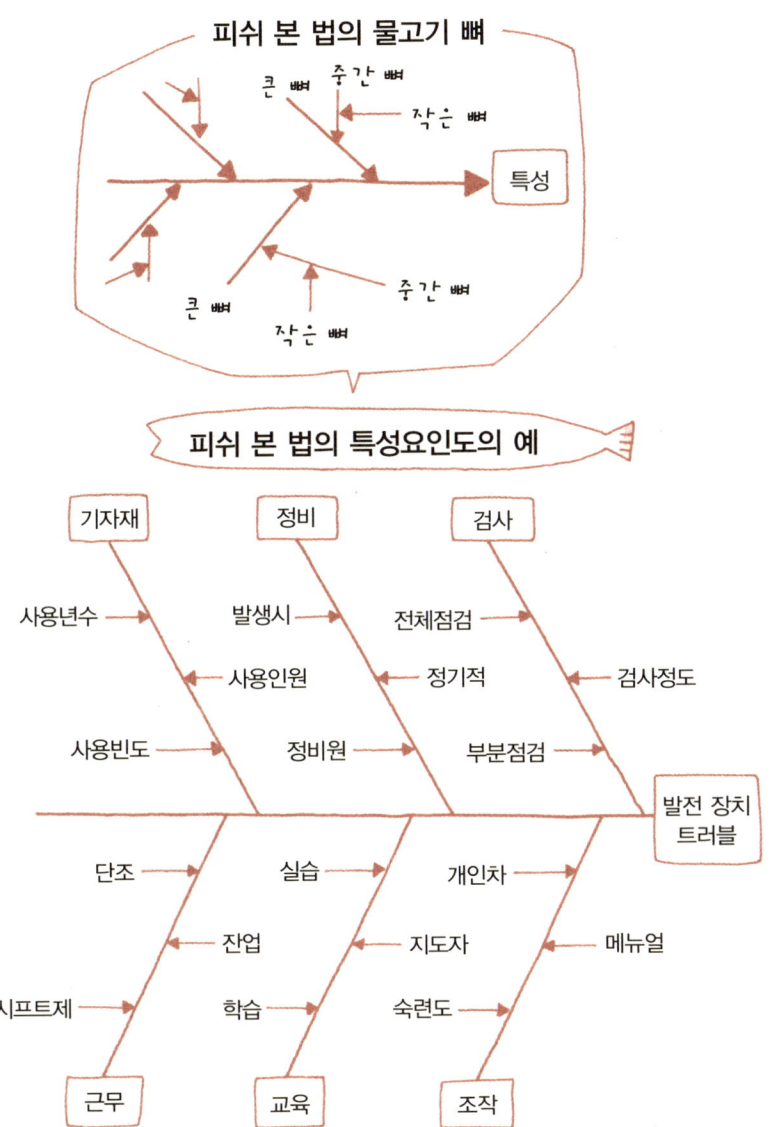

작은 뼈로 나누어서 특성 원인 도표를 완성합니다.

마지막으로 그림 가운데서 중요하다고 생각되는 요인을 골라내어 자세히 분석합니다.

이와 같이 '피쉬 본 법'은 문제 자체를 자세히 분석해서 원인을 찾아내는 데 상당히 유효한 방법입니다. 문제가 발생했다면 '왜 이런 일이 생겼을까'에 대해 여러 가지 원인을 생각하고, 카드에 기입하여 이 '피쉬 본 법'으로 정리해 보면 좋을 것입니다.

'피쉬 본 법'은 사회 시스템과 같은 큰 문제에는 적당하지 않지만, 가까운 주변의 문제를 해결하는 데는 가장 좋습니다. 특히 현장의 문제점을 분석하여 개선점을 찾아낼 때, 소그룹이 토론하고 결론을 내는 과정에서 도움이 됩니다.

진짜 원인은 무엇인지 끈질기게 살펴보자 **24**

　표면적이고 일시적이 아니라 근본적으로 문제를 해결하기 위해서는, 문제를 야기한 진짜 원인이 무엇인지 정확하게 파악할 필요가 있습니다.

　따라서, 시간이 부족하다는 이유로 주변의 관계자들만 모아 손쉽게 정보를 수집하는 것으로 문제의 원인 추구를 끝내서는 안 됩니다. 다른 부서나 거래처, 혹은 사용자 등 다른 분야나 다른 입장에 서 있는 사람들도 세심하게 취재하여 원인을 찾아봅시다. 넓은 시야로 문제를 파악하면, 큰 원인의 그늘에 숨어 있는 뿌리 깊은 원인, 즉 근본적인 원인을 발견할 수 있을지 모릅니다. 원인을 추구하는 데 있어서 조바심과 적당함은 금물입니다.

　여기서 저자가 생각한 '하이 브리지 법'을 사용해, 문제의 진짜 원인을 밝혀 나갑시다.

　예를 들어, 여러분의 직장에서 '신입사원의 정착률이 나쁘다'는 문제가 제기되었다고 합시다. 최근 조사에서는, 입사 후 3년 안에 대졸사원 3명 중 1명, 고졸사원 2명 중 1명이 그만둔다고 합니다. 우선 관계자가 모여 검토 팀을 구성하고, 이 문제에 대해 철저하게 조사합니다. 왜 정착률이 나쁜지, 정착률을 낮추는 원인은 무엇인지 등, 하나하나의 요소를 '카드 BS법'에 따라 카드에 기입합니다.

　기입된 원인 카드 중에서 중요한 카드를 15~20장 정도 골라냅

철저히 원인을 규명하라

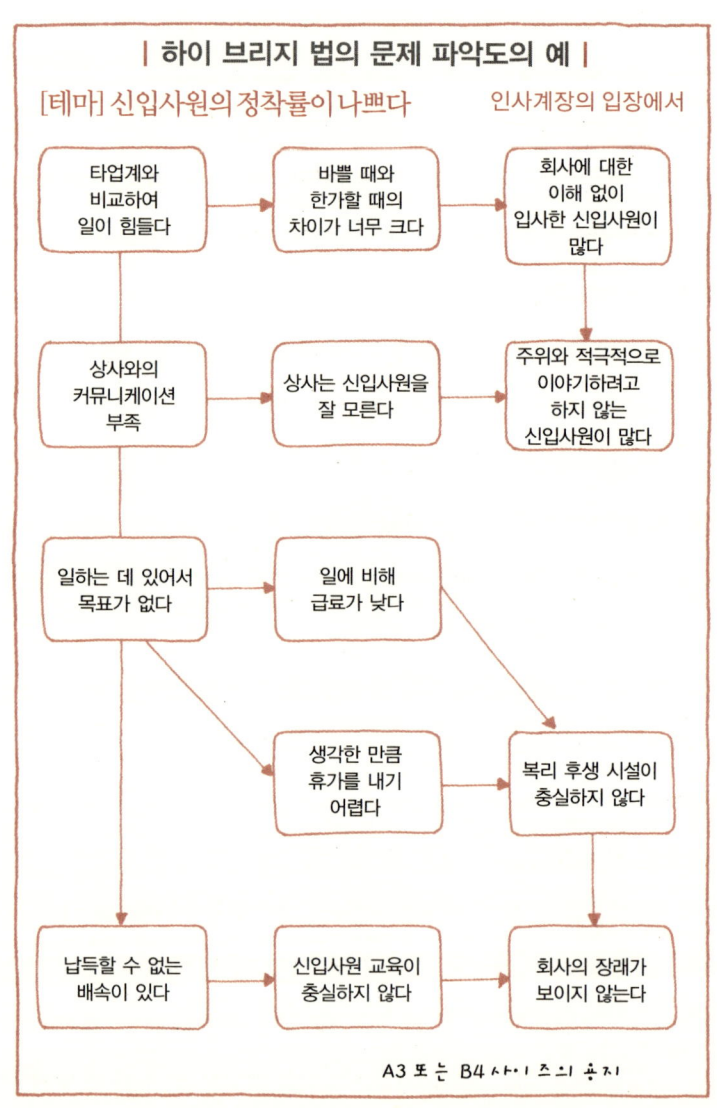

니다. 즉 진짜 원인은 무엇인지를 찾아갑니다.

　마지막으로, 그중에서 가장 중요한 카드를 한 장 골라 중앙에 놓고, 그 주변에 그 카드 내용의 원인이나 결과라 생각되는 다른 카드를 차례로 배치합니다. 카드 사이는 화살표(원인과 결과의 관계)나 양화살표(상호관계)로 연결합니다. 이렇게 하면 그 원인을 낳은 근본적인 원인이 보이게 됩니다.

　'신입사원의 정착률이 나쁘다'는 문제에 대해 자세히 분석한 문제 파악 도표가 완성되는 과정을 통해, 문제의 진짜 원인을 파악할 수 있을 것입니다. 진짜 원인을 알았다면, 그 원인을 제거하는 해결 과제를 찾는, 다음의 '과제 설정' 단계로 나갈 수 있습니다.

문 제 해 결 스 텝 3 ' 과 제 설 정 '

곰곰이 해결 테마를 선택하라

Part 4

25 해결해야 하는 테마는 무엇인지 축약하자

파트 4에서는 파트 1에서 서술한 '문제 해결의 6단계(20쪽 참조)' 중, 스텝 3인 '과제 설정'에 대해서 구체적으로 어떻게 추진하면 되는가를 설명하겠습니다.

스텝 2의 '문제 파악'에서 문제점을 파악했다면, 그 문제점을 어떤 방향으로 해결할 것인가. 해결해야 할 과제는 무엇인지를 결정하는 것이 '과제 설정'입니다.

앞에서 예로 든 '신입사원의 정착률이 나쁘다'는 문제에 대해 생각해 봅시다. 원인과 결과를 분석한 문제 파악 도표(86쪽 참조)가 완성되었으므로, 이를 발전시켜 드디어 '해결해야 하는 과제 설정=해결 테마'를 결정합시다.

'신입사원의 정착률이 나쁘다'는 문제를 해결하기 위해서는, 그 '원인을 제거'한다는 목적을 누구나 알 수 있도록 명쾌하게 테마를 생각할 필요가 있습니다.

일반적으로는 문제 테마의 문말 표현을 역으로 바꾸거나, 해결 방향성을 나타내는 표현을 씁니다.

예를 들면 다음과 같은 표현을 생각할 수 있습니다.
- 신입사원의 정착률을 나쁘지 않게 한다
- 신입사원의 정착률을 좋게 한다
- 신입사원의 정착률을 10% 높인다
- 신입사원의 정착률 향상

다음에 테마 표현의 문체에 주목해 봅시다.

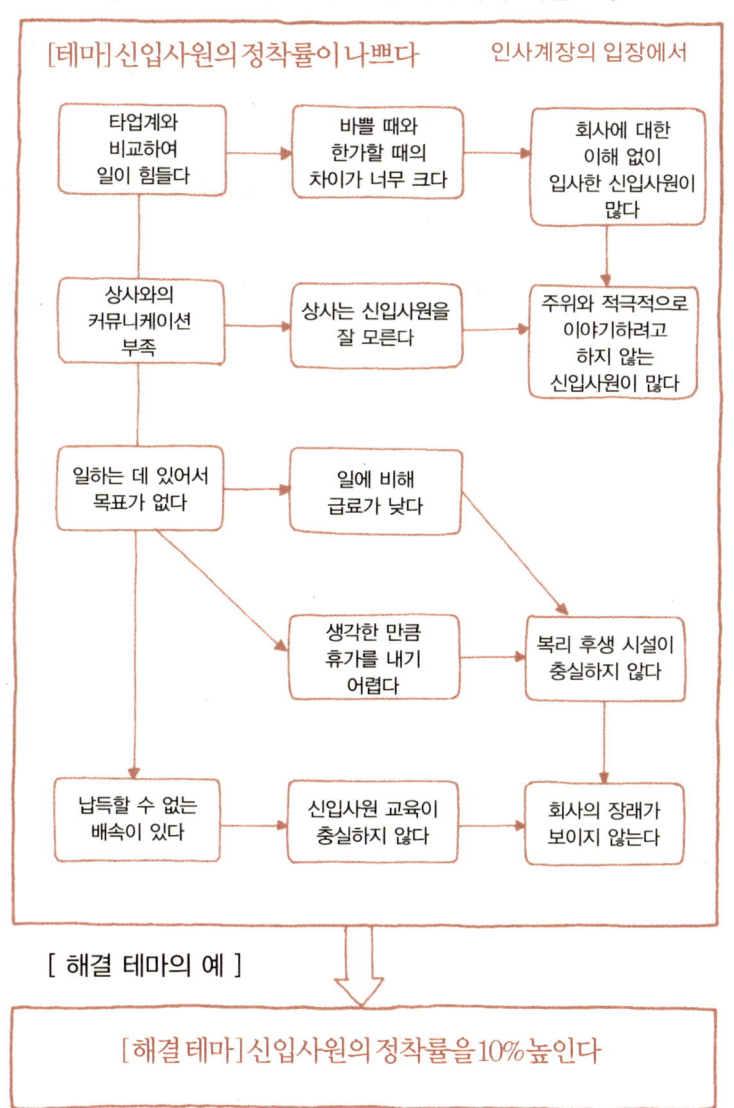

곰곰이 해결 테마를 선택하라

처음의 '신입사원의 정착률을 나쁘지 않게 한다'는 부정적인 표현이므로, 내용이 불분명하고 이해하기 어렵습니다. 또 마지막의 '신입사원의 정착률 향상'은 체언으로 마무리했기 때문에, 거기서 움직임이 멈춰버립니다. 꼭 다른 사람 일처럼 들리게 되어 자신들이 움직여 해결해야 한다는 청구력이 부족합니다.

따라서 해결 테마는 '어떻게 해결하고 싶은가' 하는 내용을 긍정적인 표현으로, 명확하게, 동사문으로 표현합니다. 또한 해결하고 싶다는 의지나 욕구를 강하게 어필할 수 있는 표현이 좋습니다.

앞에서 표현한 '좋게 한다'보다는 '높인다'는 쪽이 훨씬 욕구를 강하게 하고 느낌도 좋기 때문에 해결 테마로 적당하다고 할 수 있습니다. 따라서 '신입사원의 정착률을 10% 높인다'를 해결 테마로 설정하겠습니다.

해결 테마를 **명확한 문장**으로 정리해 보자 26

해결 테마는 문제 테마를 역으로 표현하거나, 해결 방향성을 긍정적으로 명확하게 동사문으로 제시하는 것이 중요하다고 앞에서도 언급하였습니다. 여기서는 그 해결해야 하는 테마를 결정할 때 포인트가 되는 점을 더 알기 쉽게 정리해 봅시다.

해결 테마를 결정하는 포인트

(1) 해결해야 할 요점을 집약한다

한 번에 이것저것 많은 메시지를 발신하면, 수신인의 주의가 산만해져 아무런 메시지도 전달되지 않습니다. 문제 테마를 어떻게 해결하고 싶은지, 전달하고자 하는 요점을 하나로 요약하여 해결 테마로 삼습니다.

따라서 '신입사원의 의욕을 향상시켜, 정착률을 10% 높인다'나, '신입사원의 정착률을 10% 높여 젊은 인재 양성제도를 만든다' 등이 아닌, 정착률에만 초점을 맞추어 '신입사원의 정착률을 10% 높인다'를 해결 테마로 정하는 것입니다.

(2) 구체화한다

문제점을 단순하게 부정하여 역으로 표현하는 것이 아니라, 해결하겠다는 의지와 의욕을 강하게 어필하는 구체적 표현을 씁니다.

예를 들면 '본사와 지사 간의 의사소통이 원활하지 않다'는 것을 '본사와 지사 간의 의사소통을 원활히 한다'와 같이 역으로 표현한 다음, '본사의 총무부가 하는 연락 사항은 지사의 모든 사원에게 전달되도록 한다' 는 등, 좀더 구체화합니다.

(3) 실천적인 동사형으로 표현한다

명사형이나 체언으로 끝내지 말고, '~한다' 는 식으로 행동을 지시하는 동사문으로 합니다.

'본사의 총무부가 하는 연락 사항은 지사의 모든 사원에게 전달' 이 아니라 '본사의 총무부가 하는 연락 사항은 지사의 모든 사원에게 전달되도록 한다' 는 실천적인 동사문으로 합시다.

(4) 수치화한다

문제의 관계자 전원이 생각의 차이나 오해가 없이, 동일 목표점을 상정할 수 있도록 구체적인 수치를 넣어서 테마를 보다 명확하게 합니다.

즉 '신입사원의 정착률을 높인다' 만으로는 막연하므로, '신입사원의 정착률을 10% 높인다' 처럼 수치를 넣으면, 구체적인 해결책을 발상할 수 있게 됩니다.

(5) 읽기 쉽고 말하기 쉬운 표현을 쓴다

한글과 외래어를 조화 있게 쓰고, 강조하고 싶은 부분은 고딕체로 쓰는 등, 강약을 주는 표현을 씁니다. 또한 전문용어는 피하고, 알기 쉬운 구어체로 표현합니다.

27 해결 목표를 **파레토의 법칙**으로 파악하자

과제를 해결할 때, 목표가 많이 제시된 경우에는 바로 이것저것 손대지 말고, 잘 검토하여 중요한 목표를 선정하고 해결책을 생각하는 것이 중요합니다. 이때 목표의 중요도를 알아내는 방법으로써, 이탈리아의 경제학자인 파레토Vilfredo Federico Damaso Pareto가 발견한 '파레토의 법칙'을 소개합니다.

파레토의 연구에 의하면, 마을에는 부자와 서민이 모두 존재하는데, 조사해 보면 인구는 부자가 20%이고 서민이 80%인 데 반해, 재산 비율은 역으로 부자가 80%이고 서민은 20%에 머문다고 합니다. 이것이 '파레토의 법칙'이라는 것입니다.

이 법칙을 문제 해결의 기법으로 삼은 것이 '파레토 분석'입니다. 문제의 원인을 찾는 방법을 생각해 봅시다. 언젠가 비행기 조종사의 안전교육을 담당한 적이 있었는데, 조종사에게 '항공기의 안전이란 무엇인가'를 체득할 수 있는 커리큘럼을 작성했습니다. 그때 항공기 사고에는 기체의 손상, 기상 조건, 공항의 문제 등, 다양한 원인이 있다는 점을 알았습니다. 그러나 모든 비행기 사고의 70~80%는 인간이 원인으로, 이는 인위적 요소라고 일컬어집니다.

이처럼 다양한 원인 가운데 주된 요인이 많은 문제의 원인이 됩니다. 따라서 많은 원인이 있어도, 그 가운데 주된 원인을 선정하여 중점적으로 해결책을 생각하는 것이 중요합니다.

또, 해결 목표를 선정할 때에도 이 '파레토의 법칙'을 적용할

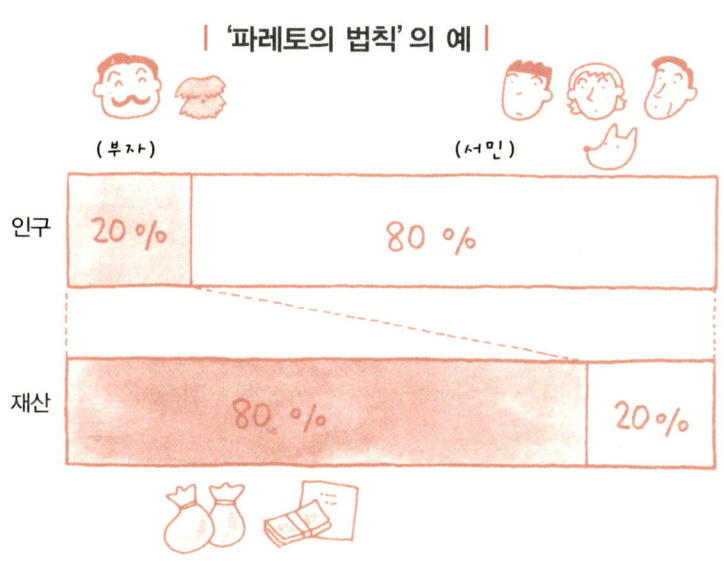

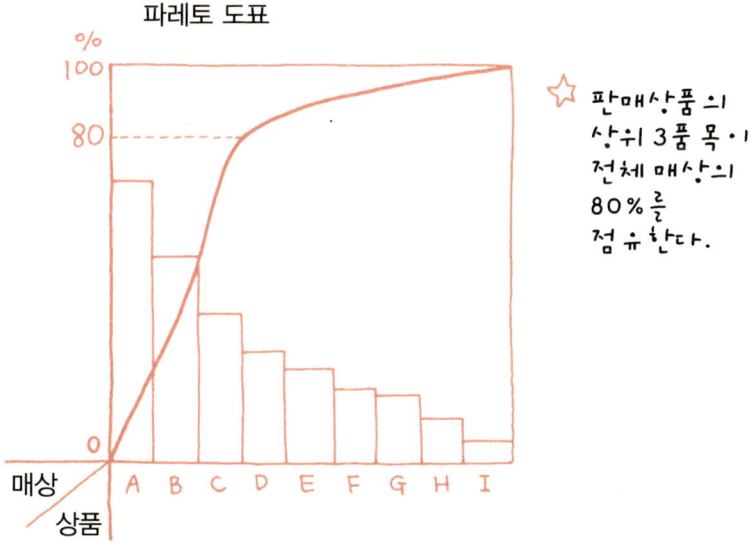

수 있습니다. 구체적인 방법은 후술하겠지만, 다양한 원인 가운데서 '해결하면 크게 효과가 있는 것'을 잘 생각해서 선정해야 할 것입니다.

    '파레토의 법칙'은 문제를 해결할 때에도 물론 사용할 수 있습니다. 문제를 해결하기 위해서는 우선 많은 아이디어를 제시합니다. 우리 연구소에서는 여러 가지 문제를 해결합니다만, 경영 전략을 생각할 때든 신상품을 개발할 때든 새로운 명명을 할 때든 최저 300개 이상의 아이디어를 제시합니다. 그러나 그 가운데 실제로 쓰일 만한 아이디어는 많아야 10~20개 정도입니다. 다시 말해 좋은 아이디어가 그다지 많지는 않다는 말입니다. 이 '파레토의 법칙'을 이용하여 중점적인 아이디어만을 골라 축약하는 것이 중요합니다.

    '파레토의 법칙'의 사고방식은 문제 해결의 모든 상황에서 활용할 수 있습니다.

해결 테마에 대해 3가지 **해결 목표**를 정하자   28

해결 테마를 명확히 설정했다고 하더라도 그 구체적인 목표, 즉 '해결 목표'가 초점을 일탈하거나, 해결 테마의 목표로써 균형을 잃고 있다면 문제는 해결되지 않습니다.

따라서 '해결 목표'는 다양한 시점에서 다각도로, 그리고 객관적으로 검토하여 설정합니다. 대개는 해결 목표를 3개 정도로 잡으면 좋습니다. 많아도 5개 정도로 집약하지 않으면 해결 방향이 산만해질 수 있습니다. 집약할 때는 전술한 '파레토의 법칙(96쪽 참조)'을 활용하시기 바랍니다.

그러면 사례를 가지고 '해결 목표'를 집약하는 법을 해설하겠습니다.

'신입사원의 정착률이 나쁘다'는 문제 분석도(86쪽 참조)에는 '왜 신입사원의 정착률이 나쁜가' 하는 다양한 원인과 결과 카드가 놓여 있습니다. 이들 내용을 잘 고려해서 '스스로 해결 불가능', '스스로 해결 곤란', '스스로 해결 가능' 등 3가지로 분류해 봅시다. 카드 한쪽에 빨강·노랑·파랑 등의 표시로 색깔을 구별하면 분류하기 쉽고, 한눈에 분류 상황을 알 수 있습니다.

문제를 검토하는 팀이 '스스로 해결 가능'하다고 판단한 카드에 주목하여, 그 가운데서 우선 '해결해야 할 목표'를 생각합니다.

물론 '스스로 해결 불가능'과 '스스로 해결 곤란' 등의 카드는 버리는 것이 아니라, 상사에게 보고하여 중요한 문제로써 재검토할

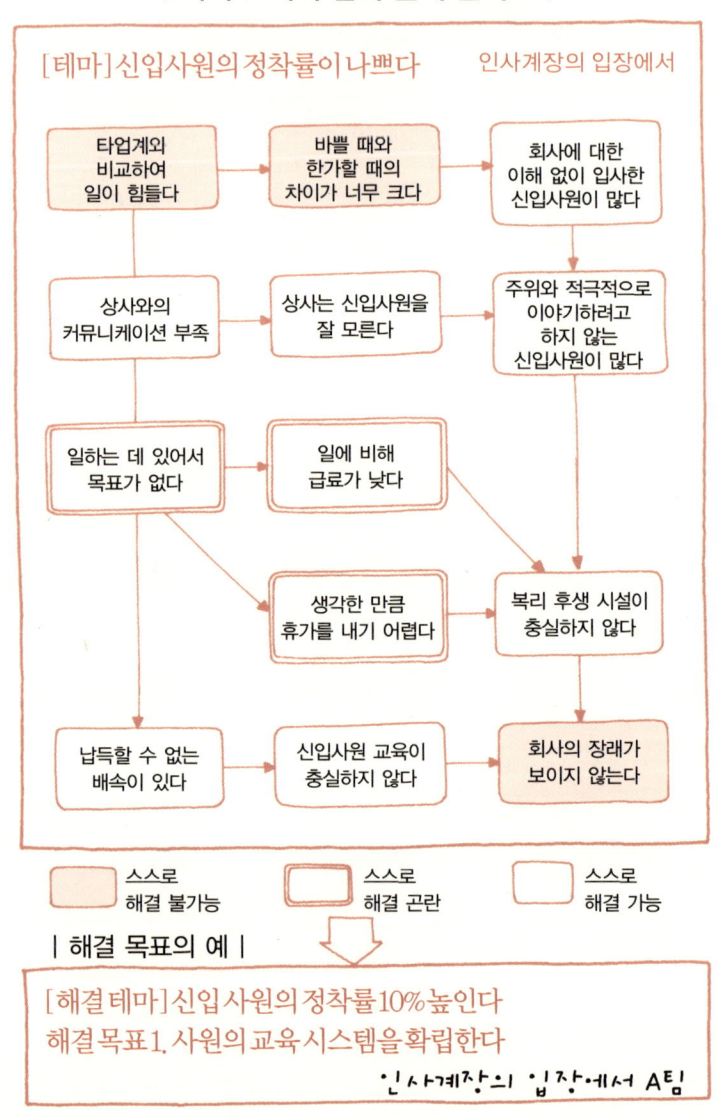

것을 제안합니다.

한편 해결 목표는, 이런 사례에서는 원인 카드 가운데 '상사와의 의사소통 부족', '신입사원 교육이 충분하지 않다'는 2가지를 선정합니다.

해결 목표의 표현은 해결 테마와 마찬가지로, 구체적 표현인 '~한다'는 동사문으로 '신입사원의 교육을 충실히 한다' 같은 문장으로 정합니다. 혹은 한 발 나아가서 도표와 같이 '사원 교육 시스템을 확립한다'는 실천적인 표현 등으로 해결 목표를 설정합니다.

또한 해결 목표는 원인 카드 가운데서만 찾는 것이 아닙니다. 원인 카드는 어디까지나 발생 원인이므로, 이상적인 모습에 대해서는 생각하지 않고 있습니다. 그러므로 해결 목표에는 '우수한 신입사원을 1년간 국내 유학시킨다'와 같은 원인 카드에는 없는 내용도 담아야 합니다.

해결 목표는 예와 같이 원인 카드에서, 혹은 새로운 생각에서 3개 정도 제시하면 좋습니다.

29 해결 목표를 찾는 데는 **장의 이론을** 응용하자

'장의 이론'이란, 레빈Kurt Lewin이라는 심리학자가 물리학적인 개념을 심리학에 적용하여 발전시킨 것입니다. 다음의 그림을 보면서 문제 해결의 사례를 설명하겠습니다.

과제가 해결되었다고 하는 것은, 현상이 목표점에 도달했다는 의미가 됩니다. 그러나 실제로는 그렇지 않습니다. 그 상태 그대로인 것입니다. 그렇다면 거기에는 어떤 역학이 작용하고 있는 것일까요? 그 상태 그대로인 셈이므로, 목표점을 향해 상승하려고 하는 움직임을 억제하는 '저지력'이 작용하고 있습니다. 하지만 저지력만 작용한다면 상황은 지금 이하로 추락해 버립니다. 목표점에 근접하려는 '추진력'이 동시에 작용하는 것입니다. 현상은 이 저지력과 추진력이 균형을 이루어 성립됩니다.

사례로 설명하겠습니다. 예를 들어 '영어를 불편 없이 구사하고 싶다'는 과제가 있다고 합시다. 목표는 '영어를 불편 없이 구사'하는 것입니다. 하지만 여러 가지 저지력이 작용하고 있습니다. 이것은 '영어는 원래 자신이 없다', '영어 학원에 다니고 싶지만 시간이 없다', '영어를 일상생활에서 사용할 일이 거의 없다' 등입니다. 한편, 추진력은 어떠할까요? '영어가 능통해지고 싶다'는 의사가 있으므로 '학습 의욕은 있다'는 추진력을 갖고 있습니다. 비록 시간이 없더라도 '지금 인터넷으로 집에서도 공부할 수 있다'는 것도 추진력이 됩니다. '집에 영어 교재는 많이 있다'는 점도 추진력입

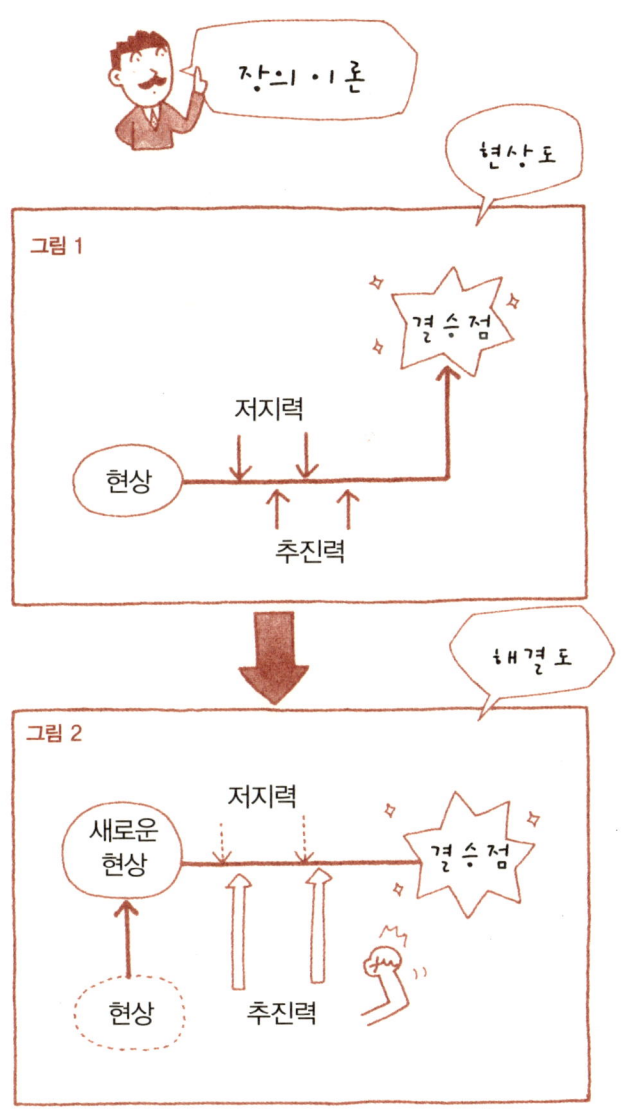

니다.

　이렇게 생각하면, 과제 해결에서 해결 목표를 고를 때 이 추진력과 저지력을 이용할 수 있습니다. 해결 과제를 정했다면, 우선 지금 상황에서 어떤 저지력이 작용하고 있는지 전부 알아냅니다. 이것은 원인 찾기와 동일합니다. 예를 들어 저지력에 '영어를 일상생활에서 사용할 일이 없다'가 있다고 하더라도, 이를 해결 목표로 삼아 '외국인과 이야기할 기회를 만든다'로 만들면 됩니다. 한편, 추진력도 해결 목표가 됩니다. 예를 들어 '집에 영어 교재가 많이 있다' 등의 추진력을 해결 목표로 삼으면, '영어 교재를 매일 사용한다'가 되는 것입니다.

　이처럼 '장의 이론'은 문제 해결 장면에서 해결 목표를 찾는 데 매우 유용하게 활용할 수 있는 사고방식입니다.

해결했을 때의 **이상향**을 그려 보자 30

과제, 다시 말해 해결 테마란 해결했을 때의 '이상향'이라 할 수 있습니다. '이 과제 해결에는 어떤 목표가 바람직한가'를 그려 보는 것이 '이상향'입니다. 이상적인 모습이란, 너무 이상이 높거나 현실에 가까우면 좋지 않다고 할 수 있습니다. 모두 실질적으로는 해결되기 어렵기 때문입니다. 손을 뻗으면 닿을 수 있는 테마가 바람직하다고 할 수 있습니다.

예로 '신입사원의 정착률'을 생각해 보면, 20% 높이는 것은 너무 이상이 높고, 5%라면 별로 달라질 것이 없어서 문제를 해결했다고는 보기 힘듭니다.

회의를 예로 들어 이 '이상향'을 설명하겠습니다. 회의에서는 전달 회의, 창조 회의, 조정 회의, 결정 회의 등 네 종류가 있습니다. 이 가운데 조정 회의란, 부서 간의 대립을 조정하는 회의를 말합니다. 이 조정 회의를 성공적으로 만드는 비결이 있습니다. 우선 '이상향'에서부터 검토하는 것입니다.

조정 회의에서는 각 부서의 대립 사항을 토의하는 것으로 시작하는 경우가 자주 있습니다. 그러나 어떨까요? 대립 사항부터 이야기를 시작하면 서로의 의견만 난무하여 대립은 점점 골이 깊어질 것입니다. 이렇게 해서는 잘 해결될 리가 없습니다.

조정 회의의 기본은 우선 '본연의 자세'에 대해 의견을 나누는 것입니다. 본연의 자세는, 예를 들어 '회사 전체의 본연의 자세'가

되기도 합니다. 우선 대립 사항에서부터 접근하는 것이 아니라, 이처럼 건설적인 대화로 시작합니다. 회사 전체의 본래 '본연의 자세'에 대해 제대로 의견을 나누고 이미지를 구축합니다. 그런 다음 양자의 대립 사항을 꺼내어, '이상향'을 목표로 그 대립을 어떻게 해소하면 좋을지 이야기하기 시작합니다.

모든 문제 해결은 '이상향'을 제대로 그리고, 전원이 이를 목표로 추진해 가면 잘 이루어질 것입니다. 미국 대륙을 발견한 콜롬부스는, 서쪽을 향해 점점 나아가면 자원이 풍부한 아시아와 인도에 도달할 수 있다는 '이상향'을 설정하고 출항했습니다. 결과는 인도가 아닌 미국 대륙에 도달했지만, '이상향'을 그렸기 때문에 새로운 대륙을 발견할 수 있었던 것입니다. 라이트 형제는 새처럼 하늘을 날고 싶다는 '이상향'을 꿈꾸었기 때문에 인류 최초의 비행이 가능했습니다.

상상력이야말로 문제 해결에 있어서 필수 불가결한 능력입니다. 상상력을 발휘하여 '이상향'을 생각하도록 명심합시다.

| 이상향 |

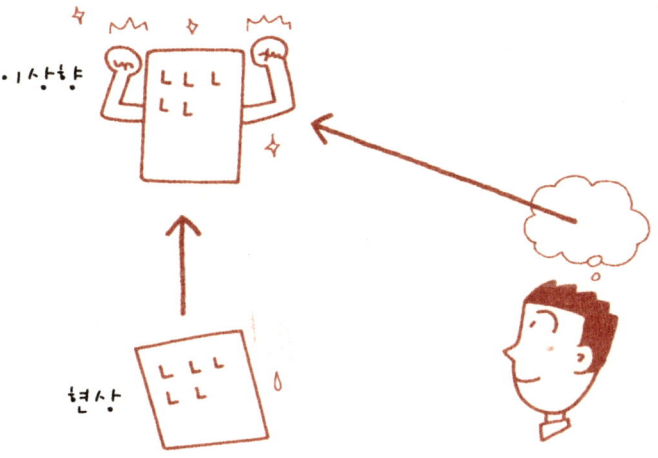

| 콜롬부스의 경우 |

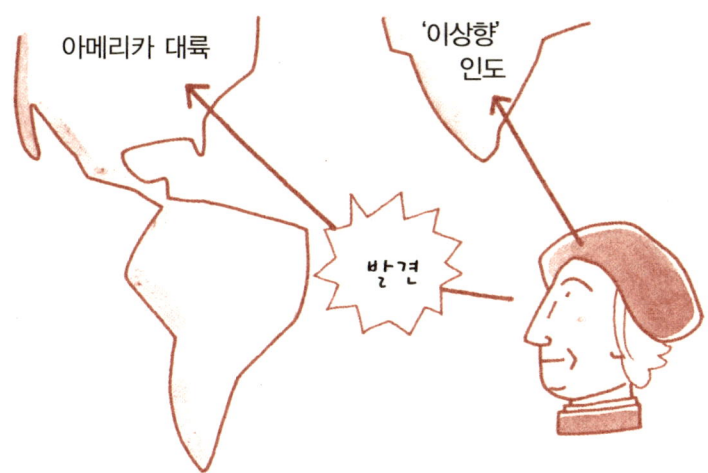

곰곰이 해결 테마를 선택하라

Part 5

문제 해결 스텝 4 "과제해결"

최대한 해결 아이디어를 창출해내라

31 모든 수단을 동원해 해결 아이디어를 찾아내자

파트 5에서는 파트 1에서 서술한 '문제 해결의 6단계(20쪽 참조)' 중, 스텝 4인 '과제 해결'에 대해서 구체적인 추진 방법을 설명하겠습니다.

'과제'란 문제를 처리하기 위해서 씨름해야 하는 구체적인 해결 테마를 말합니다. 과제를 최종적으로 해결하기 위해서는 실천적인 해결 아이디어를 찾아낼 필요가 있습니다. '신입사원의 정착률을 10% 높인다'는 사례라면, '해결 목표'별로 철저하게 모든 아이디어를 제시하는 것입니다.

과제에 관한 다양한 정보원을 뽑아내서 그 가운데 다각적으로 정보를 수집하고, 해결 아이디어의 힌트를 얻읍시다.

인적 루트
- 자기 직장의 팀 구성원이나 상사, 선배
- 다른 부문의 리더나 전문가, 경험자
- 외부 전문가나 경험자
- 그룹사의 여러 사람
- 동일 업계의 다른 회사나 다른 업계의 사람들
- 거래처나 고객
- 가족이나 친구, 지인 등

장면 루트
- 거리나 상점
- 전시회나 전람회
- 테마 공원이나 이벤트 회장 등

미디어 루트

해결 아이디어의 힌트를 얻는 경로

인적 루트
- 자기 직장의 팀 구성원이나 상사, 선배
- 다른 부문의 리더나 전문가, 경험자
- 외부 전문가나 경험자
- 그룹사의 여러 사람
- 동일 업계의 다른 회사나 다른 업계의 사람들
- 거래처나 고객
- 가족이나 친구, 지인 등

장면 루트
- 거리나 상점
- 전시회나 전람회
- 테마 공원이나 이벤트 회장 등

미디어 루트
- 신문, 잡지, 책, 백서나 조사 자료, 논문
- 텔레비전이나 라디오
- 인터넷 등

최대한 해결 아이디어를 창출해내라

- 신문, 잡지, 책, 백서나 조사 자료, 논문
- 텔레비전이나 라디오
- 인터넷 등

　　차원을 달리하여 다양한 시점에서 과제를 파악함으로써, 경영이나 기술 환경의 변화, 시장 동향, 사람들의 의식, 자신이나 자사가 처한 입장과 상황 등을 객관적으로 파악할 수 있습니다. 시야를 넓힘으로써 지금까지 몰랐던 점을 볼 수 있게 되어 생각치도 않았던 비책을 떠올릴 수 있을 것입니다. 모든 수단을 동원해서 과제를 해결하기 위한 최적의 아이디어를 모색하기 바랍니다.

　　다만 관계자나 관계기관으로부터 좋은 정보를 얻어내기 위해서는 '~을 해결하기 위해서는 당신의 힘이 필요한데, 좀 도와주십시오'라는 겸허한 태도로, 정중하게 경청하는 것도 잊어서는 안 됩니다. 취재하는 곳에 이쪽의 성실함이나 의욕을 보여준다면, 질 높은 정보나 해결책의 힌트를 저절로 모을 수 있는 법입니다.

동일 업계가 취한 해결책을 따라해 보자   32

상품 점유율이 큰 폭으로 떨어져 업적이 악화된 아사히 맥주가 경영의 재건을 위해 주거래 은행이었던 스미토모主友 은행(현 미츠이三# 스미토모 은행)으로부터 히구치 고타로樋口廣太郎 씨를 영입했을 때의 일입니다.

당시 히구치 씨는 맥주에 대해서는 전혀 문외한이었으므로, 창피를 무릅쓰고 솔직한 심정으로 라이벌 회사인 기린 맥주와 삿포로 맥주의 회장에게 "아사히 맥주는 어디가 잘못되었습니까? 어떻게 하면 맥주가 팔릴 수 있을까요?"라고, 핵심을 찔러 해결책을 물었습니다.

그러자 소박하고 솔직한 질문이었기 때문인지, 기린 맥주의 회장은 '당신 회사는 좀더 좋은 재료를 사용하는 게 좋다'는 조언을, 삿포로 맥주의 회장은 '당신네는 오래된 맥주가 많은 것 같은데, 맥주는 신선함이 생명이다'라는 조언을 해주었다고 합니다. 동일 업계의 최고봉들에게 아사히 맥주의 결점을 들으며, 자신이 처한 과제를 해결하는 데 귀중한 어드바이스를 구한 것입니다.

결국 히구치 씨는 맥주를 만드는 데는 최고의 원재료를 사용하도록 지시했으며, 고객 앞에 오래된 맥주가 없어지도록 유통에서 프레시 로테이션fresh rotation을 확립하여, 자사 맥주가 업적을 회복하는 데 도움이 되는 조처를 취했다고 합니다.

이처럼 동일 업계 중에는 동일 과제를 안고 있는 기업이 많으

최대한 해결 아이디어를 창출해내라

므로, 직접적으로 해결 아이디어를 얻거나 조금만 바꾸면 자사에도 적용할 수 있는 해결 아이디어를 많이 발견할 수 있을 것입니다. 실제로 과제를 해결한 사례를 알 수 있다면 무엇보다도 공부가 됩니다. 또한 해결에 실패를 본 사례도 크게 참고가 될 것입니다.

그러므로 조금이라도 느낌이 오는 정보가 있다면, 그 기업이 설령 경쟁 기업이건 하청 업체건 간에, 동업자로서의 체면이나 고집을 버리고 순수한 마음으로 상대방이 생각하는 해결책을 본받고, 그 해결책을 자사나 자기 스스로 따라해 보는 것이 중요합니다.

과제를 해결하는 담당자가 자사에서는 물론이고 동일 업계나 관계 회사로부터 신뢰받는 사람이라면, 많은 해결 정보를 입수할 수 있을 것입니다.

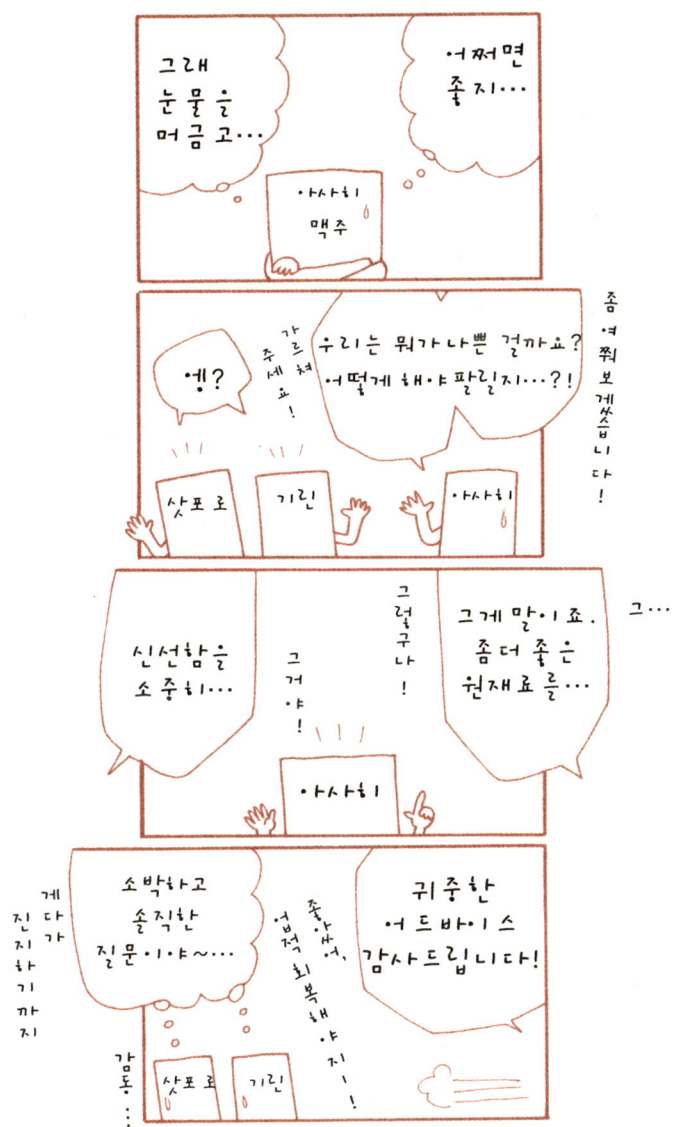

최대한 해결 아이디어를 창출해내라

외부에서 따라할 수 있는 정보가 없는지 찾아보자

아사히 맥주는 경영 상태가 좋아진 다음에도, 기업을 지탱해 주는 인재를 육성하기 위해 인재 개발의 최첨단 기업인 후지 제록스에 사원 교육 방법을 배워, 후지 제록스와 동일한 사원 교육을 행한다고 합니다. 이처럼 외부의 좋은 아이디어를 따라함으로써, 자사에 적합한 자사 나름의 해결책을 만들어내는 것입니다.

또 미국의 제네럴 일렉트론(GE)도 일본의 도요타 자동차로부터 생산관리법을 배우고, 월마트로부터 퀵 마케트 인텔리전스를 배웠으며, 모터로라사 등에서는 식스 시그마를 알게 되었고, 시스코 시스템즈 등으로부터는 디지털화하는 것을 도움받았다고 합니다. 이처럼 '세계로부터 보다 우수한 아이디어를 끊임없이 추구하고, 적극적으로 도입한다'는 기업 자세를 실천해 왔기 때문에, GE는 세계 최강의 기업으로 성장한 것입니다.

다른 업종이라도 비즈니스의 형태나 규모, 기업 방침 등이 비슷한 기업은 동일 과제를 안고 있기 마련입니다. 그러므로 비즈니스 정보지 등에서 항상 타사의 경영활동이나 직장에서의 대처 사례를 꼼꼼히 조사하여, 좋은 아이디어가 있으면 자꾸자꾸 도입해야 할 것입니다.

혹은 기업이 아니더라도 좋습니다. 화제가 되고 있는 거리나 최신 데이트 장소, 사람들이 줄을 서는 가게에 가 본다거나, 인기 게임 소프트나 만화 영화, 여성들에게 잘 팔리는 상품 등을 실제로

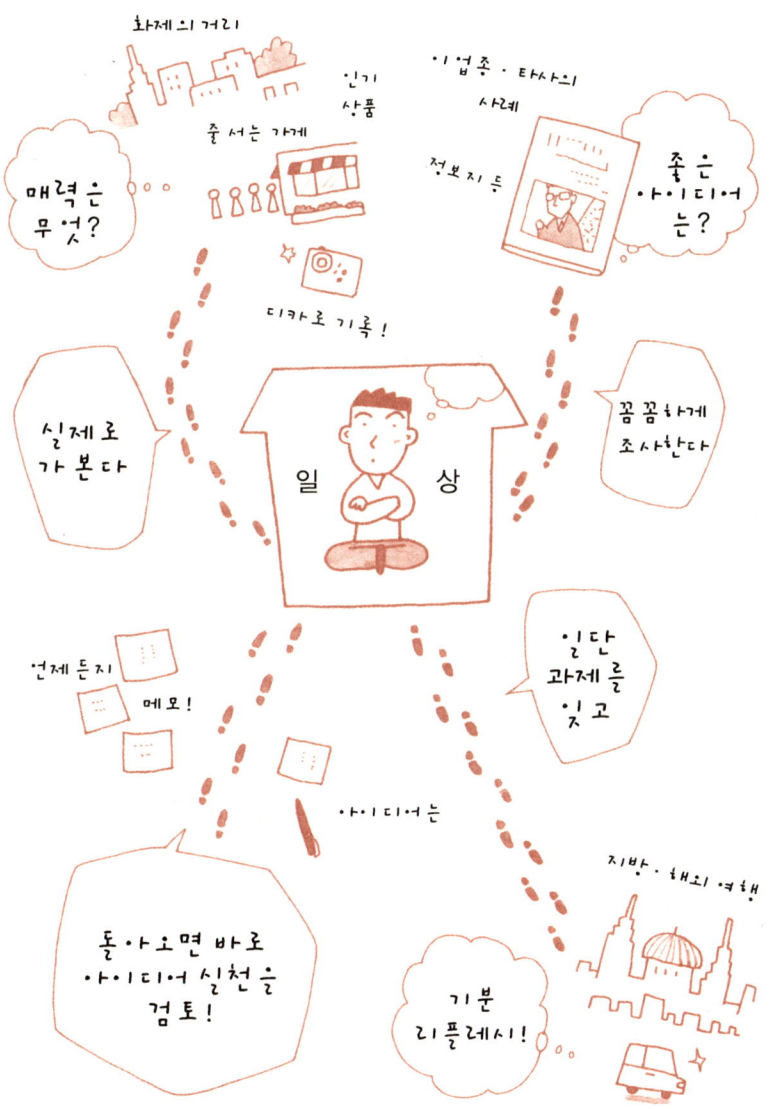

최대한 해결 아이디어를 창출해내라

살펴보는 것도 중요합니다. 사람들의 마음을 끄는 매력이 무엇인지 찾아본다면, 가까운 곳에 해결 아이디어가 있다는 사실을 재발견할지도 모릅니다. 이럴 때에는 반드시 디지털 카메라를 사시고 가서, 새로운 것이 있으면 모조리 기록합시다.

그리고 지방이나 해외 여행을 하면서 평소 자신의 생활과 다른 점이나 공통점을 발견한다거나, 처음으로 경험하거나 보기 드문 광경을 접하는 것도 독특한 발상으로 이어질 수 있습니다. 평소의 생활이나 일에서 벗어나 일단 과제를 잊고 외부의 공기를 많이 들이마시며 기분을 재충전하면, 안개가 걷히듯 머릿속에 갑자기 신선한 아이디어가 떠오르는 경우도 많습니다.

이렇게 해서 좋은 해결 아이디어가 생겼다면, 잊어버리기 전에 언제 어디서라도 반드시 메모를 합시다. 그리고 일상으로 돌아오면 곧바로 아이디어 실천을 검토해 봅시다.

다양한 미디어로부터 해결 정보를 모으자　34

　현장 담당자는 우선 자신의 담당 범위에만 눈이 가는 경우가 많은 법입니다. 따라서 과제에 대한 정보도 눈에 띄는 범위에서 수집하기 십상입니다. 또한 전문 지식이나 기술을 가지고 있는 사람일수록 수집한 주변 정보에 정신이 팔려 과제를 전체적으로 조망하지 않고, 그저 전문 분야의 차원에서 과제를 파악하고 해결 아이디어를 제시하게 됩니다.

　그럴 때는 과제와 직결된 업계 잡지나 전문지, 문헌뿐만 아니라 일반 신문이나 잡지, 텔레비전, 라디오 등에도 관심을 가져 폭넓은 해결 정보를 수집하도록 합시다.

　신문이나 잡지를 빠짐없이 전부 읽는 것은 불가능하므로, 집에서 구독하는 것이나 회사·도서관에 있는 일반 신문이나 잡지를 펼쳐 표제어만이라도 골라 읽으면 될 것입니다. 그리고 그 가운데서 자신이 안고 있는 과제와 조금이라도 관련이 있을 것 같은 표제어의 기사만을 읽어서, 잘라내거나 복사하여 파일 등에 넣어 보관해 둡니다.

　연재 기사나 특집 기사는 내용에 깊이가 있고 구체적인 사례가 많이 실려 있으며, 관련 데이터나 관계자 담화 등의 박스 기사, 해외의 상황과 비교한 기사가 실려 있으므로 반드시 읽어 보기 바랍니다.

　또한 텔레비전이나 라디오의 특집 방송, 특히 전문 채널 방송

은 전문적인 내용이면서 알기 쉽게 만들어져 있으므로, 자신의 전문적인 분야 이외의 내용을 배우는 데 아주 좋습니다.

물론 현재는 인터넷을 이용하여 각종 정보를 폭넓게 수집하는 것은 필수입니다(자세한 내용은 다음 쪽에). 또한 메일을 지인에게 보내서 정보를 수집하는 방법도 유효합니다. 다만, 인터넷을 이용한 정보 검색에서는 오래된 정보나 필요 없는 기사까지 나오는 경우가 자주 있습니다. 그러므로 신문이나 잡지 등을 통해 최신의 정확한 정보나 상세 정보를 입수하여 확인하도록 합시다.

정보의 공유화를 위해서는 개인이 아닌 팀 구성원이 함께 자료 파일이나 박스를 만들어두는 것이 좋습니다. 그리되면 힘을 모아 과제와 관련된 정보를 수집할 수 있어서 정보의 공유화가 도모되고, 효율적인 아이디어 발상 회의를 열 수 있습니다.

다소 수고스럽더라도 이처럼 평소에 광범위한 정보 수집을 해두면 상당히 도움이 됩니다. 해결책을 생각할 때, 파일화된 자료에서 비슷한 문제의 사례나 자세한 업계 리포트 등을 쉽게 발견할 수 있기 때문입니다.

35　인터넷에서 해결 정보를 얻자

　　인터넷은 이미 정보 수집에서 빠뜨릴 수 없는 루트입니다. 우리나라뿐만 아니라 해외의 매스컴이나 행정기관, 각 회사가 홈페이지를 개설하고 있기 때문에, 순간에 전 세계의 최신 뉴스를 조사할 수 있으며, 각 회사별로 기사 내용을 비교 · 검토할 수 있습니다.

　　또한 인터넷에서 신문이나 잡지의 데이터베이스를 이용하면, 키워드를 입력하는 것만으로 신문과 잡지의 기사 타이틀이나 개요를 금방 볼 수 있습니다. 대형 서점의 홈페이지에서는 현재 간행된 서적의 리스트를 검색할 수 있습니다. 마루젠丸善 등과 계약하면, 전 세계 전자 저널을 간단히 이용할 수 있습니다.

　　게다가 관공서나 기업이 행한 조사나 통계, 국립국회도서관의 잡지 기사, 제국 데이터 은행이나 도쿄 상공 리서치의 기업 정보 데이터도 검색할 수 있습니다.

　　혹은 개인이 개설한 홈페이지에는 독특하고 상세한 정보나 실제 경험한 일의 감상 등도 있어, 과제 해결에 참고가 되는 정보를 입수할 수 있습니다. 광케이블 등을 사용하고 있다면, 상당히 깨끗한 영상이나 음악을 빠르게 다운받을 수 있기 때문에, 문자 정보와는 다른 차원의 해결 힌트를 얻을 수 있을지 모릅니다.

　　다만, 다시 말하지만 홈페이지 등은 텔레비전이나 신문, 잡지에 비해 오래된 정보가 실려 있는 경우가 많기 때문에 자신이 이용한 홈페이지나 데이터베이스가 언제 갱신된 것인지를 항상 체크해

두는 것이 중요합니다. 그리하여 오래된 정보지만 가치가 있는 것인지, 최신 정보를 다시 조사해 보아야 하는 것인지 등을 스스로 판단하기 바랍니다.

이렇게 인터넷에서 정보를 수집했다면, 다음의 3가지 규칙으로 정보를 관리하면 원만하게 해결안을 작성할 수 있습니다.

1) 규격화: 정보는 과제별로 분류하여 각각 파일에 넣는다.
2) 즉시화: 파일 내의 각 정보에 명확하게 타이틀을 붙여, 금방이라도 꺼내서 활용할 수 있게 해둔다.
3) 집중화: 정보를 금방 꺼내 볼 수 있도록 모든 정보를 컴퓨터로 집중 관리한다.

수집한 정보는 반드시 동일 형식으로 규격화하여, 컴퓨터에 입력해 집중화시킵니다. 각 폴더의 타이틀은 확연하게 구별할 수 있도록 구체적으로 기입하며, 금방이라도 꺼내 쓸 수 있도록 즉시화를 도모합니다. 이를 위해서는 정보를 컴퓨터로 일괄 관리하는 것이 중요합니다.

36 자신에게 맞는 **생각 장소**를 찾아내자

물건을 만들기 위한 공장이 필요하듯이, 생각을 하기 위해서는 '생각하는 장소'가 필요합니다. 옛날 중국 북송의 유학자였던 구양수歐陽脩는 『기전록歸田錄』에서 문장을 생각하는 데 좋은 장소로 '말 위', '침상', '변기 위' 등 3상上을 들고 있습니다.

우리 연구소에서 '현대인의 발상 패턴 조사'를 실시한 결과, '아이디어를 생각하는 데 가장 적합한 장소는 어디인가' 하는 질문에 가장 많았던 3가지는 '잠자리' 52%, '걸으면서' 46%, '교통 수단을 이용할 때' 45%였습니다. 회답자 중 두 명에 한 명은 3가지를 모두 선택했습니다. 구양수의 3상에 비교한다면, 현대인의 발상은 '취침 중', '보행 중', '이동 중'의 3중中이 되는 셈입니다.

'취침 중', 즉 침상에서 아이디어가 떠오르는 사람은 많이 있습니다. 이번 조사에서 건축가인 기쿠타케 기요노리菊竹淸訓 씨는, "발상 전에 문제를 철저히 생각하고 잠든다. 그리고 다음날 아침, 잠에서 깨어난 순간에 발상한다. 그래서 침대 옆에는 수첩을 놓아두고 기입한다"고 했습니다.

걸으면서 발상하는 '보행 중'에는, 영화 「남자는 괴로워」 시리즈나 「낚시광 일기」 시리즈로 유명한 야마다 요지山田洋次 감독이 있습니다. 야마다 감독은 스텝 여러 명과 함께 아이디어 여행을 떠나, 여행지에서 여러 가지 아이디어를 떠올린다고 합니다.

작가 중에는 '이동 중' 파가 많아서, 마츠모토 기요하루松本淸張

씨는 신문사에 근무할 무렵 「점과 선」이라는 작품의 힌트를 집에서 근무처로 향하는 전철 안에서 얻었다고 합니다.

문제를 끌어안고 고민할 때, 여러분은 어떤 장소에서 생각합니까? 서재, 공원, 통근 전철 안 등 사람에 따라 제 각각일 것입니다. 저는 7년간 텔레비전의 퀴즈 프로에 문제를 제공한 적이 있었습니다. 매주 10개 이상씩 문제를 생각해야만 했는데, 꽤 어려운 일이었기에 집중해서 생각하는 시간을 갖기로 했습니다. 그래서 매주 수요일, 방송사 가까운 찻집에 밤 8시경부터 12시까지 틀어박혀 있었습니다. 그곳이 저의 '생각 장소'가 되었습니다.

그곳에 앉으면 자연스럽게 생각을 시작할 수 있고 차분하게 생각에 잠길 수 있는, 여러분의 '생각 장소'는 어디입니까? 여러분도 꼭 자신만의 발상 장소인 '생각 장소'를 갖도록 합시다.

팀 구성원과 해결 아이디어를 생각하자 37

팀 단위로 문제 해결을 할 때는, 혼자서 할 때와는 달리 팀 전체가 다음과 같은 조건을 만족시키는 것이 전제가 됩니다.

팀 단위로 해결 아이디어를 제시하기 위한 5가지 조건

(1) 팀의 활동 목적과 해결 테마를 명확하게 이해하고 있을 것

구성원 전원이 문제를 해결하는 목적과 해결해야 하는 테마를 명확하게 이해하는 것이 중요합니다. 구성원의 '의식 통일'과 '문제의 공유화'가 안 된다면, 팀의 힘을 집결하여 우수한 해결 아이디어를 내놓을 수 없습니다.

(2) 팀에 창조적인 리더가 있을 것

창조적인 리더는 지식과 경험이 풍부하며, 정확하고 신속한 판단과 예측이 가능한 사람이어야 합니다. 동시에, 풍부한 상상력과 표현력, 인간성으로 구성원의 힘을 충분히 발휘시켜 집단 창조가 가능하게끔 팀을 이끌어갈 수 있어야 합니다. 나이나 지위로 뽑는 것이 아니라, 치밀하지만 유연하고 대담한 사고를 할 수 있는 사람을 리더로 뽑읍시다.

(3) 팀 운영 방법이 확립되어 있을 것

구성원이 문제와 관련된 정보를 공유하고 각자 과제 해결 스텝에 들어서 있어서, 지금 할 일이 '발산 회의'인지 '수습 회의'인지를 인식하고 있어야 합니다. 두 가지 회의를 잘 구별해 행한다면, 원만하게 팀 차원의 아이디어를 발상할 수 있습니다.

최대한 해결 아이디어를 창출해내라

(4) 의욕과 능력이 있는 소수의 구성원이 있을 것

구성원은 5~10명이 적당하며, 다방면에서 우수한 인재를 모으는 것이 중요합니다.

(5) 일 본위의 팀워크를 취하고 있을 것

구성원이 각자의 역할을 인식하고, 상호 간의 특성과 능력을 받아들여 서로 신뢰하고 협조할 수 있는 관계를 구축할 필요가 있습니다.

「귀신 Q타로」를 그린 후지코 후지오藤子不二雄는, 후지모토 히로시藤本弘 씨와 야마고 스오安孫子素雄 씨 두 사람의 펜 네임이었습니다. 이 후지코 콤비는, 만화의 아이디어를 서로 제시할 때 서로가 납득할 때까지 철저하게 이야기를 나누었다고 합니다. 후지모토 씨는 독서를 좋아하고, 야마고 씨는 행동파로 두 사람의 성격은 크게 달랐습니다. 그러나 만화가가 되고 싶다는 공통점을 철저하게 추구했기 때문에, 팀워크는 불가능하다고 여겨진 만화계에서 30년 이상이나 콤비를 이루어 멋진 작품을 만들어 나갈 수 있었던 것입니다.

최대한 해결 아이디어를 창출해내라

38 카드 BW법으로 얼마든지 아이디어를 제시하자

혼자건 그룹이건 '발산 사고' 기법의 하나로써 '카드 BW(브레인 라이팅)법' 을 소개하겠습니다.

'카드 BW법' 은 떠오른 아이디어를 B4 크기의 종이에 붙여 놓은 포스트잇에 기입하여, 해결책을 발상하는 발산 기법입니다. 독일인 홀리겔이 개발한 침묵하면서 집단 발산을 하는 'BW법' 을 저자는 포스트잇을 사용한 카드 방식으로 바꿔, 침묵 후에 제시된 아이디어를 곧바로 정리하게끔 개량한 기법입니다.

다음의 '홈파티 기획안을 생각한다' 는 예로 설명하겠습니다.

우선 B4 크기의 종이를 가로로 놓고, 한 줄에 가로 4장, 세로 5장의 포스트잇을 붙여둡니다. 우선 혼자서 할 때의 방법을 설명하겠습니다.

타이머를 준비하여 4분으로 맞춥니다. 처음 4분간은 첫쨋줄 카드에 파티에서 하고 싶은 게임이나 준비하고 싶은 음식과 용품들 4가지 아이디어를 기입합니다. 그때, 한 장의 포스트잇에는 하나의 아이디어만을 적습니다.

다음에 다시 타이머를 4분으로 맞추고, 두 번째 줄에 첫번째 줄과는 다른 아이디어를, 또는 첫번째 줄 내용보다 좀더 자세한 아이디어를 4가지 생각하여 포스트잇 4장에 각각 기입합니다.

이하 3~5번째 줄까지 마찬가지 방법으로 반복해서, 총 20가지(가로 4장×세로 5줄)의 아이디어를 20분 만에 제시하는 것입니다. 각

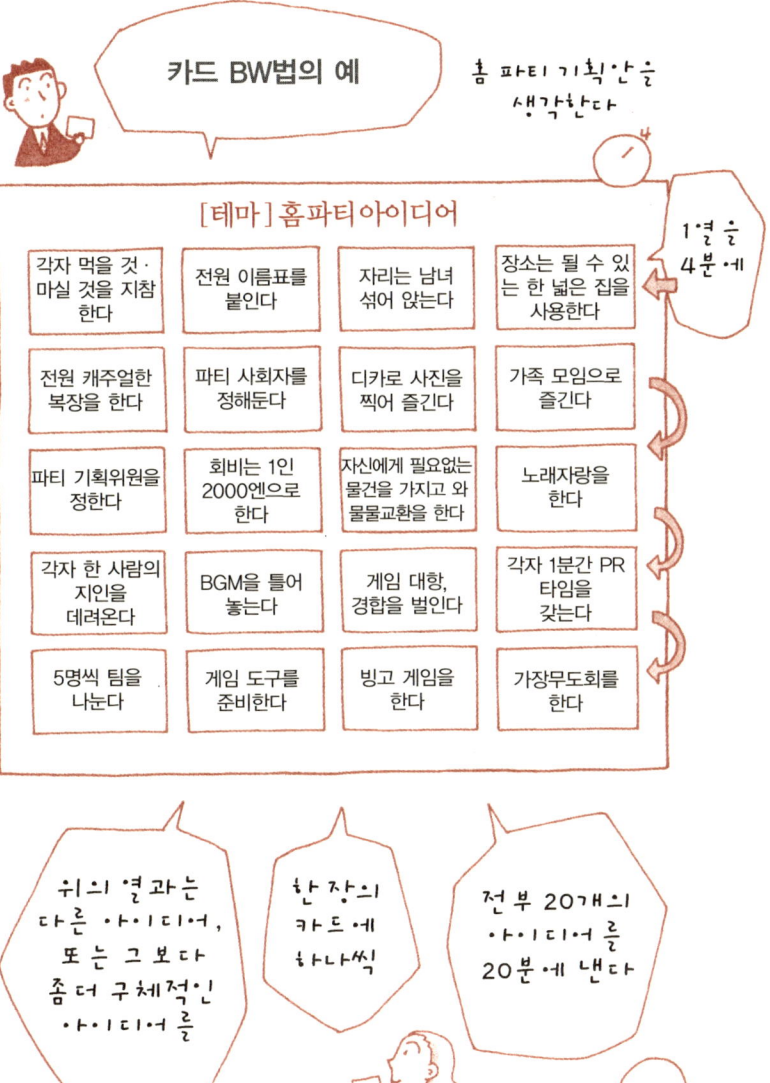

줄마다 4장을 전부 쓰지 못했더라도, 만약 4분이 경과했다면 다음 줄로 넘어갑니다.

집단으로 발상할 경우에는, 첫번째 줄이 끝나면 각자의 종이를 왼쪽 사람에게 넘깁니다. 그리고 각자 옆 사람이 쓴 첫쨋줄 아이디어에 힌트를 얻어 두 번째 줄에 아이디어를 기입합니다. 이하 마찬가지로 진행합니다.

이것이 바로, 발산 사고를 충분히 활용하여 다방면으로 사고를 발산시켜 문제 해결의 아이디어를 효율적으로 이끌어내는 '카드 BW법' 입니다. '카드 BW법' 에서 발상한 카드를 'KJ법' 등으로 정리하면, 논문이나 연설 원고, 다양한 기획이 완성될 수 있습니다.

익숙해지면 누구나 사용할 수 있는 기법이므로, 여러분도 일상의 문제를 해결할 때 꼭 활용해 보시기 바랍니다.

39 개인이라면 30, 팀이라면 300개 아이디어를 제시하자

힘겨운 상황에 놓여 해결이 어려운 문제나, 미지의 분야라 처음 보고 들은 문제 등은, 여기저기서 정보를 수집하여 문제를 분석하고 파악해도 좀처럼 문제 해결에 직결되는 힌트를 얻기 어렵습니다.

이런 경우에는 기존의 유사 사례나 전문가의 충고에만 의존할 것이 아니라, 문제에 직면한 구성원들이 '당사자'라는 의식을 강하게 가지고, 스스로 문제 해결책을 생각해서 다양한 해결 아이디어를 창출해 내도록 합시다. '내 문제니까, 어떻게든 손을 써야 해!'라는 강한 책임감과 사명감이야말로, 실천 가능한 멋진 해결책을 만들어내는 경우가 많습니다.

다만 아이디어를 발상할 때에는, 하나의 과제에 대해 개인이라면 30개, 팀이라면 전부 합쳐 300개 이상의 아이디어를 내도록 명심합시다.

제 경험에 비추어 볼 때, 300개의 생각이 제시되어도 좋은 아이디어는 그중 30개 정도밖에 없습니다. 더욱이 남은 30개 아이디어 중 실제로 독창적인 해결 구상은 1개 정도밖에 발견되지 않습니다. 저자는 이것을 '300분의 1 법칙'이라 부르는데, 근본적인 해결책이나 독창적인 아이디어를 찾고자 할 때는, 이 법칙에 근거하여 철저하게 아이디어를 짜낼 수 있도록 팀 발상을 합시다.

고라쿠엔後樂園의 도쿄 돔은 일반 명칭으로 상표등록이 되어

최대한 해결 아이디어를 창출해내라

> 독창적인 해결 플랜은
> 300개의 아이디어에서 하나!

!!!
Plan — 플랜 — 30

1

Idea — ! ! — 아이디어 — 300

Hint — 생각

> 300개의 힌트에서 30개의
> 아이디어를 고른다

> 최후의 한가지
> 플랜으로 집약되어 간다

Idea → Plan

있지 않기 때문에, 우리 연구소에서 도쿄 돔의 명칭을 정하는 회의를 열었을 때는, 8명의 멤버가 1회 2시간 동안 1000개 안(한 사람 평균 125안), 이를 7번 반복해서 최종적으로는 7000개 안을 생각했습니다. 보통은 1000개 안 정도인데, 도쿄 돔의 경우에는 상표를 의류·식품·완구·문구 등 8개 장르에서 사용하게 되므로 이렇게 많은 아이디어가 필요했던 것입니다. 그래서 결정된 이름이 '빅 에그big egg' 입니다.

우리 연구소에서는 상품 개발도 하고 있습니다. 커피, 햄버거, 화장품 등 상품은 다양합니다. 상품 개발이 테마인 경우에도 우리들은 최소한 500개 이상의 아이디어를 생각합니다.

많은 양을 제시하는 동안, 그것에 익숙해지면서 머리 회전이 좋아지고 저절로 질도 높아질 것입니다. 여러분도 팀 차원에서 방대한 아이디어를 쌓아 나가서 하나의 적절한 아이디어를 짜내고, 이를 해결 방안으로 완성하시기 바랍니다.

40　닥치는 대로 연관지어 **강제 연상**을 해보자

'발산 기법'이란, 어떤 테마에 대해서 사실이나 아이디어를 계속 제시해 가는 사고법입니다. 이는 생각나는 대로 자유롭게 발상하는 '자유 연상법'과, 어떤 조건에 따라 강제적으로 사고하는 '강제 연상법', 또한 비교하면서 아이디어를 제시하는 '유추 연상법'의 3가지로 분류할 수 있습니다.

'자유 연상법'으로 한차례 사실이나 아이디어 제시가 끝났다면, 다음에는 '강제 연상법'으로 자신의 발상을 특정 방향으로 점점 이끌어 나갑니다. 거기서 지금까지 깨닫지 못했던 사실이나 아이디어를 집약해 냅시다.

'새로운 가위에 대한 아이디어 발상'을 예로, 강제 연상법의 진행 방법을 설명하겠습니다.

예를 들어 '새로운 가위에 대한 아이디어를 생각나는 대로 제시하세요'라는 테마를 놓고 차례차례 연상해 나갑니다.

이때 '몇 백 번 사용해도 변함없이 잘 잘리는 가위', '필통에 넣고 다닐 수 있는 휴대용 가위' 등, 자유롭게 아이디어를 제시하는 것이 자유 연상법입니다.

하지만 이 테마에 대해서 '변형된 형태는 생각할 수 없을까?' 나 '노인용 가위는?', '신소재를 사용한다면?' 등의 체크 리스트 등을 준비하여, 생각 방향을 지시하고 아이디어를 제시하도록 하면 '강제 연상법'이 됩니다. 이 체크 리스트법으로는 30쪽의 '오즈번

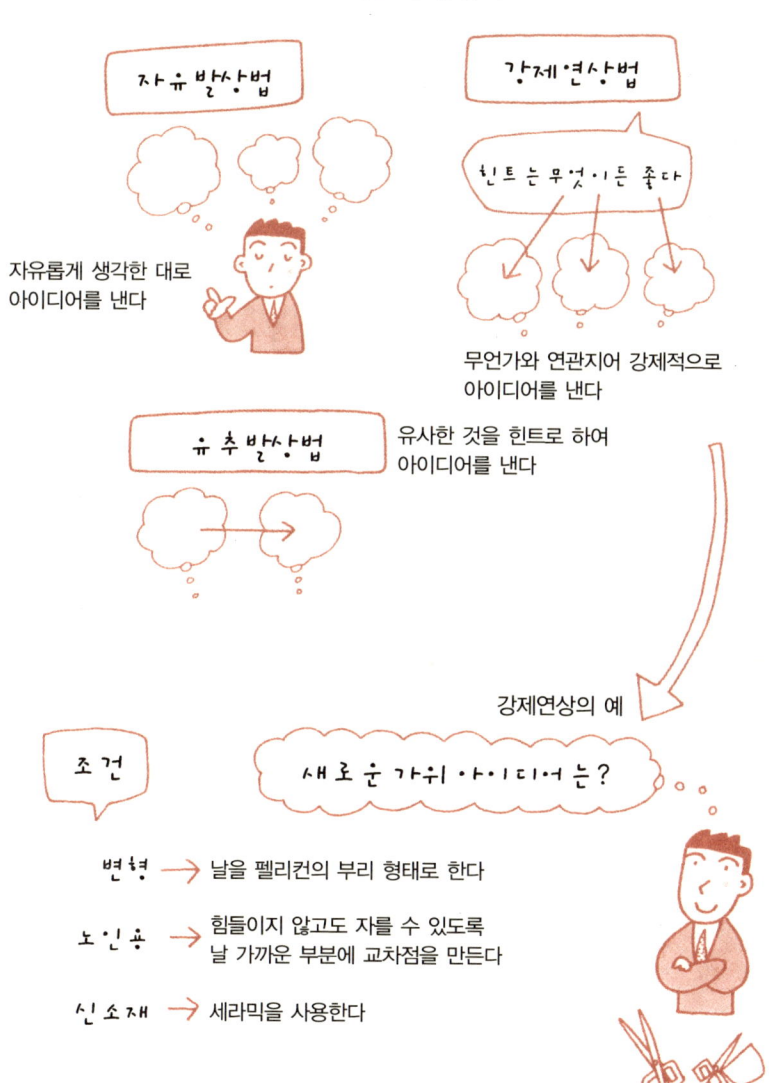

의 9가지 체크 리스트'를 활용할 수 있습니다. 이들 조건에 맞추어 제시된 아이디어의 예가 앞의 그림입니다.

저자는 기획서 타이틀로 고민할 때면 전철 광고용 주간지의 타이틀을 기획서 타이틀로 사용할 수 없는지, 무리하게 연관 지어서 강제 연상을 자주 합니다. 또한 명명 때문에 고민할 때는, 사전을 손 가는 대로 펼쳐가며 생각합니다. 강제 연상법은 이처럼 간단하게 행할 수 있는 방법입니다.

생각나는 대로 제시되는 아이디어를 막연하게 기다리는 것이 아니라, '이게 힌트가 되지 않을까'와 같은 생각으로 무언가와 연관 지어서 조금은 억지로 '강제 연상'을 하는 동안에 멋진 해결 아이디어가 생겨나는 것입니다. 여러분도 더 이상 아이디어가 생각나지 않을 때, 꼭 한 번 '강제 연상법'을 사용해 보시기 바랍니다. 강제 연상으로 얻은 힌트는 어떤 것이라도 좋습니다.

'유추 연상법'에 대해서는 다음 항목(142쪽)에서 설명하겠습니다.

체크 리스트 법으로 발상을 확대하자 41

'체크 리스트 법'은 발산 기법 중 강제 연상법의 하나입니다. 체크 리스트를 사용해 여러 각도에서 폭넓게 해결 가능성을 생각하여, 보다 나은 해결 아이디어를 찾아내려는 방법입니다.

'체크 리스트'란 어떤 사항을 생각할 때 누락되는 부분이 없도록 하나씩 체크해 나가는 일람표를 말하는 것인데, 해외여행의 준비물 리스트 등이 대표적인 예입니다. 또한 우리들이 집을 나서기 전에, 시계는? 지갑은? 교통카드는? 핸드폰은? 등등 머릿속에서 생각하는 것도 체크 리스트를 사용하는 셈입니다. 이처럼 일반적으로 체크 리스트는 실수를 하지 않도록 '소극적'인 점검을 하는 데 사용하는 경우가 많습니다.

하지만 문제 해결 아이디어를 제시하기 위해 새로운 시점을 찾는 '적극적'인 체크 리스트도 있습니다. 발상 체크 리스트로 유명한데, 앞에서도 언급한 '오즈번의 9가지 체크 리스트'라는 기법입니다(30쪽 참조).

이 체크 리스트를 복사하여, 오른쪽의 빈 칸에 '탁상조명 스탠드의 발상 예'와 같이, 여러분이 안고 있는 문제에 대해 9가지 시점에서 해결 아이디어를 짜내면 어떨까요?

저는 현대의 마케팅 전략을 연구하고 있습니다. 이 연구 프로세스에서 동료들과 이것에서 저것으로 전이(트랜스퍼)함으로써 성공한 마케팅 전략을 찾아냈습니다. 예를 들면, 옛날 젊은이들에게 인

최대한 해결 아이디어를 창출해내라

마케팅 트랜스퍼(전이)의 8법칙

1. '변환變換'의 트랜스퍼
동시대 안에서 원래는 특정 계층의 것을 다른 층으로 가져오는 것.
시대를 지나 넓게 확대되는 일도 있다.

2. '성환性換'의 트랜스퍼
원래는 특정 성性의 것을 다른 성에 가져오는 것.

3. '공유共有'의 트랜스퍼
처음부터 넓은 범위에 합당함을 노린 것.

4. '복층複層'의 트랜스퍼
소비하는(사용하는) 본인이 아니라 다른 사람이 지불하는 것.

5. '재생再生'의 트랜스퍼
과거 특정 세대의 것을 현재, 연령을 지난 그 세대에게 다시 가져오는 것.

6. '전생轉生'의 트랜스퍼
과거 특정 세대의 것을 현재의 다른 세대에게 가져오는 것.

7. '전지轉地'의 트랜스퍼
특정 지역의 것을 다른 지역에 가져오는 것.

8. '전역轉域'의 트랜스퍼
특정 장소에 있어야 할 것을 다른 장소에 가져오는 것.

출전: 『마케팅 트랜스퍼의 8가지 법칙』
(주)요미우리 광고사 (재)하이라이프 연구소 지음, 실전회의 출간

ABW협회의 아이디어 개발 리스트

1. 습관이나 전통, 상태의 반대로 생각한다
2. 특징을 신어, 고어, 기상어로 표현한다
3. 특징이 정적이면 동적 표현으로 고친다
4. 3의 반대로 생각한다
5. 특징이나 상품의 통상 배열을 변화시킨다
6. 특징을 다음과 결부시켜 본다
움직임, 육체, 힘, 무게, 에너지, 맛, 색, 냄새, 온도, 기타
7. 특징을 다음과 결부시켜 본다
추첨, 추리게임, 퍼즐, 수수께끼, 선물, 질문표, 기타

8. 특징을 다음 상태를 일으키는 원인으로 생각한다
놀람, 도전, 유쾌함, 당혹감, 유혹, 쇼크
9. 특징을 다음과 관련시킨다
행복, 폐법, 운명, 명성, 인과, 불, 물, 신비, 흙, 우주, 생명
10. 특징을 다음과 결부시킨다
여행, 스포츠, 여가, 성(性), 상상, 관능, 일, 안전
11. 다음의 점에서 생각한다
성공, 달성, 행운, 명예, 감사, 부조화, 부정, 과장, 의외
12. 특징을 의화한다
인간, 동물, 정물, 초인적인 것, 기계, 기타

출전: 『광고의 체크 리스트』 고바야시 오타부로 지음, 실전회의 출간

기가 있었던 노래를 지금의 젊은 층에서도 히트시켰다거나, 여성용 화장품을 남성용으로 개발한 것입니다.

이 트랜스퍼에는 어떤 패턴이 존재하는지를 생각하면서 떠오른 방법이 '오즈번의 9가지 체크 리스트' 입니다. 이 체크 리스트를 사용해 생각하고, 주변 사람의 어드바이스를 바탕으로 정리한 것이 '마케팅 트랜스퍼의 8가지 법칙' 입니다.

또한 '아메리카 비즈니스 라이팅(ABW) 협회의 아이디어 개발 리스트' 도 아주 잘 정리되어 있으므로, 발상을 확대할 때 활용해 보시기 바랍니다.

이들 체크 리스트에 근거하여 스스로 실무 작업 요소를 첨가해 '자신의 문제에 적합한 발상 체크 리스트' 를 만들어 보는 것도 좋습니다.

이처럼 발상 체크 리스트를 사용해, 다양한 시점에서 유연하게 문제를 파악하고 해결 아이디어를 착안해 나가는 것이 중요합니다.

42 유추법으로 독자적인 아이디어를 만들자

'자유 연상'을 하고, 그 위에 '강제 연상'을 했다고 해서 모든 아이디어가 나왔다고 생각해서는 안 됩니다.

다음 단계로 '강제 연상'을 한 단계 발전시켜, 테마와 본질적으로 비슷한 것(유사한 것)을 힌트로 삼아 아이디어를 제시합시다. 이 유사 예에서 아이디어를 발상해 가는 방법을 '유추법(혹은 '유추 연상법')'이라 부릅니다.

'유추법'에서는, 물건의 경우 기능(사용법)이 동일하면 유사한 것이라 생각합니다.

앞서 기술했던 '새로운 가위의 아이디어 발상'을 예로 생각하면, '유추법'에서는 우선 '가위와 같이 물건을 자르는 기능이 있는 것은 무엇인가?' 라는 식으로 가위와 비슷한 것을 찾습니다. 여기서 예를 들어 '단두대'가 떠올랐다면, '단두대와 같은 새로운 가위를 만들 수 없을까?' 라고 유추함으로써 구체적인 이미지를 그리고, 그로부터 아이디어를 생각해 나갑니다. 그러다 보면, 여러 장의 종이를 함께 자르는 지레와 같은 커터기는 단두대를 힌트로 만들었다고 생각할 수 있습니다.

또한, '새로운 포트'에 대해 '유추법'으로 아이디어를 발상한 예가 144쪽의 도표입니다. 이 도표에 있는 것처럼 '붓는다', '덥힌다', '물을 담는다'는 포트의 기능이나 성질에서 본질적으로 비슷한 것을 찾아내어, '예를 들면 ~처럼' 이라는 식으로 힌트를 얻어 아이디어를 이끌어냅니다.

　사실 우리들은 일상에서 무의식중에 이 '유추법'에 의한 발상을 하는 경우가 많습니다. 예를 들면, 우산을 골프채 대신 휘둘러 보거나, 밥을 푸는 주걱을 마이크 대신 사용하여 노래를 부르거나, 전화 수화기를 샤워기에 비유하기도 합니다. 혹은 저 사람은 종잡을 수가 없어서 '갈대' 같은 사람이라고 하는 것이나, 마치 '멧돼지'처럼 무모한 사람이라고 표현하는 경우도 있습니다. 이처럼 '유추법'은 인간이 타고난 자연스러운 사고방식의 하나입니다.

　따라서 적극적으로 비슷한 것을 찾아서 그 움직임이나 스타일을 똑같이 흉내 내거나 응용해 보면, 극히 자연스런 아이디어를 얻을 수 있을 것입니다.

| 유추법의 예 |

새로운 포트 아이디어는?

포트의 기능·성질은 '붓는다' '덥힌다'
'물을 담는다' 이므로…

· 폭포수처럼 붓는다
  → 무지개빛 포트

· 폭포수처럼 붓는다
  → 무지개가
    생기는 포트

· 마음을 쏟아붓는다
  → 개인적인 음색이
    나오는 포트

· 오븐처럼 덥힌다
  → 적온조절 기능
    포트

· 어깨를 덥힌다
  → 덥혀지면 열에
    의해 위에 있는
    인형이 춤춘다

    ⋮

· 천연호수처럼 물을 담는다
  → 정화작용 기능 포트

· 인공호수처럼 물을 담는다
  → 사용수량 측정 기능
    포트

· 바다처럼 물을 담는다
  → 대형 포트

· 방을 덥힌다
  → 화로형 포트

    ⋮

출전: 『아이디어 발상과 태도 기법』 아라타니 마사노부 지음, 교가쿠 연구소 출간

문제 해결 스텝 5 "과제해결"

확실한 실행책으로 정리하라

Part 6

43 블록법으로 대량 아이디어를 재빨리 분류하자

발산 기법을 사용해서 많은 아이디어가 제시되어도, 그 잡다한 아이디어를 곧장 제대로 정리하지 않으면 단지 아이디어를 나열한 것으로 끝나게 됩니다. 그것만으로는 거기에서 적당한 실행책을 완성시킬 수 없습니다.

그래서 저는 이 대량 데이터를 단시간에 정리하기 위한 '블록법'을 생각해 냈습니다.

'블록법'이란 전체 데이터를 대충 블록(구획)으로 정리한다는 의미에서 붙여진 이름으로, 아래에서 그 진행 방법을 설명하겠습니다.

1) 4~6명의 멤버로 팀을 구성하여 사회자를 정한다.
2) '카드BS법'으로 아이디어를 발상하여, 카드에 쓴다.
3) 아이디어가 기입된 카드를 각 멤버에게 균등하게 배분한다.
4) 각자가 가지고 있는 카드를 내용이 비슷한 것끼리 모은다(카드 군을 만든다).
5) B4 용지를 4~5장 책상 위에 늘어놓는다.
6) 사회자의 오른쪽 사람부터 가지고 있는 모든 카드 중에서 하나의 카드 군을 읽고 B4 용지에 올려놓는다.
7) 다른 멤버들은 그 카드 군과 동일 내용의 카드 군이 있으면, 읽고 나서 내놓는다.
8) 그 카드 군을 내놓은 사람을 중심으로 카드 군의 항목명(타이틀)을 생각해서 색깔이 다른 카드에 적고 카드 군의 위에 붙인다.
9) 다음 사람이 가지고 있는 카드 군을 하나씩 읽고 나서 내놓는다.
10) 마찬가지 방법으로 모든 카드가 정리될 때까지 계속한다.
11) 카드를 정리했다면, B4 용지에 정리하여 붙인다.

또한 '기타' 항목을 만들어, 정리하기 어려운 것이 있으면 거기에 넣는다.

| 블록법의 예 |

[테마] 창조적인 리더에게 필요한 조건

항목 타이틀 (핑크 카드)

전략사고와 기획이 뛰어나다
- 그 부분의 미래를 항시 생각한다
- 전략과 전술을 교묘하게 조합한다
- 생각을 기획과 훌륭히 접목시킨다

업무진행이 탁월하다
- 업무의 문제점을 명확히 집어낸다
- 다른 부서를 훌륭히 이용할 줄 안다
- 부하직원의 업무를 적절히 배분한다

인간 관계를 효과적으로 유지한다
- 상사에게도 충분히 의견을 말한다
- 다른 부서의 관리자와도 양호한 관계를 유지한다
- 부하직원을 적절히 칭찬하고 혼낸다
- 부하직원의 심리를 잘 파악하고 있다

'그 외'의 항목을 만든다

매년 성과를 올리고 있다
- 성과 달성을 향하여 정확한 목표를 세운다
- 목표 달성을 위한 체크를 게을리하지 않는다
- 결과에의 반성과 대책을 잊지 않는다

인간으로서 존경받고 있다
- 사내에서 무시 못하는 존재이다
- 부하직원이 그를 챙긴다

내용이 비슷한 것끼리 모은다

개별 카드 (옐로 카드)

모은 다음 B4용지에 정리하여 붙인다

확실한 실행책으로 정리하라

이 '블록법'은 500장의 아이디어 카드가 있더라도 4~6명의 멤버가 있으면 30분 정도에 정리할 수 있습니다. 재빨리 데이터를 정리하기 위해서는 편리하고 손쉬운 기법이므로, 우리 연구소에서는 신상품 기획이나 명명법 발상 등을 할 때, 수백 개의 아이디어를 분류하고 정리하는 데 사용하고 있습니다.

문제를 해결하기 위해서는 다각적이고 폭넓은 아이디어를 제시하는 것이 중요합니다. 하지만 '아이디어를 대량으로 제시하면, 나중에 정리하기 어렵다'는 사람도 있습니다. 이 블록법이라면, 정리하는 데 시간이 별로 걸리지 않습니다.

행렬법으로 아이디어를 체계적으로 정리하자　44

　'발산 사고'에서 제시된 문제의 해결 아이디어는, '수습 사고'로 정리하는 것이 기본입니다. 우선 '블록법'으로 아이디어를 대강 나눈 다음 그 가운데서 주요 아이디어를 뽑아냈다면, 그것을 체계적이고 계획성 있게 정리합시다. 이에는 '행렬법'이 매우 편리합니다.

　'행렬법'은 가로와 세로에 2가지 변수를 정해 변수마다 요소를 전부 끄집어내고, 이들을 조합하여 정리함으로써 적절한 해결 방향성을 찾는 수법입니다.

　해결 작전별로 어떤 아이디어를 사용할 수 있는지를 정리하는 데 매우 효과가 있습니다. 이 방법을 사용하면, 다양한 아이디어를 형태별·내용별 등으로 분류하고 정리할 수 있습니다

　예를 들면 '생활인은 어떤 종류의 새로운 음식을 요구하는가'라는 테마 하에 여러 가지 아이디어가 제시되었다고 합시다. 우선 음식의 변수로써는 '대상', '식사 시간', '음식 종류', '음식 재료', '맛' 등 다양한 변수를 생각할 수 있습니다.

　150쪽 도표에서는 세로에 '음식 취향', 가로에 '식성'을 변수로 들어, 각각 3가지씩 요소를 첨가하여 가로와 세로를 합쳐 9개 블록을 갖는 행렬을 만들어 보았습니다. 여기에 아이디어가 적힌 카드를 1장씩, 가로와 세로 양방향의 요소에 해당되는 블록에 각각 적용해 갑니다. '집에서 식사×맛' 부분 블록의 아이디어로는 '가

행렬법의 예

변수의 선택 방법에 주의!

식성 취향	집에서 식사	절충식	외식
맛	가족 파티 식사 / 손수 만든 맛	편의점 런치 세트 / 음식점 도시락	백화점 지하 매장 / 음식점의 런치 부페
간편함	설거지 없는 식사 / 손쉬운 맛집 기행	초스피드 일식	술집에서의 저녁식사 / 양식·일식·중식을 믹스한 식사
식효	든든한 조식 / 건강관리 푸드	나이스 밸런스 식	무농약 웰빙식 / 칼로리 표시 메뉴

족 파티 식사'나 '손수 만든 맛'의 아이디어가 들어갑니다. 또, '외식×간편함' 블록의 아이디어에는 '술집에서 먹는 저녁식사'나 '일식·양식·중식을 믹스한 식사' 등의 아이디어가 들어갑니다.

주의해야 할 것은 변수의 선택 방법입니다. 예를 들어, 만일 대상별로 새로운 음식을 생각한다고 하면, '성인'이라는 변수를 선택하면 젊은층에서 중년까지 속하게 되어 음식의 취향에 상당한 차이가 있습니다. 적어도 '젊은층'이나 '고령자', 그리고 '남자'인지 '여자'인지로 나누어 세분화합니다.

많은 아이디어가 제시되어도 행렬법으로 분류하고 정리해 가면, 어떤 블록에 아이디어가 지나치게 집중되는지 등, 아이디어의 편향을 알 수 있습니다. 특히 팀 단위로 행하는 경우는 멤버 전원이 결과를 확실하게 인식할 수 있기 때문에, 나중에 부족한 분야의 아이디어를 추가로 발상하거나, 중복되는 분야의 아이디어를 부족한 분야에 응용하는 등의 방법으로 아이디어를 충분히 검토할 수 있습니다.

'행렬법'은 아이디어를 일람표로 만들어 보기 쉽게 정리할 수 있으므로, 프리젠테이션 등에서 설득 자료로 사용하는 것도 효과적입니다.

45 트리법으로 실행 작전을 분석해 가자

'트리법'이란 프로젝트 개발의 예측 수법의 하나인 '목적 트리법objective tree법'을 저자가 줄여서 말한 것입니다. 이는 어떤 과제를 달성하기 위해서는 어떤 전략이 있고, 각각의 전략을 실현하기 위해서는 어떤 전술이 필요한지, 과제에서부터 사용해야 하는 수단을 순서대로 자세히 분석해 가는 방법입니다.

'트리법'에서는 각각의 수단을 레벨별 중요도로 평가합니다. 구체적으로는 각 레벨의 합계가 1이 되도록 각 수단을 상대 평가합니다. 다음의 전자레인지의 목적 트리도 사례에서 윗부분에 있는 '매출 증대'의 비중은 0.3입니다. 이것은 과제의 '수익 개선'을 1로 했을 경우, 다음 레벨 내에서 '매출 증대'가 0.3의 비중을 차지한다는 것을 의미합니다. 또 '매상 증대' 밑에 있는 '새 시장 개척'부터 '타 기업의 흡수 및 합병'까지의 숫자를 합산하면 1.0이 됩니다.

각각의 수단 과제에 대한 중요도는, 그 상위의 전 항목의 비중을 순서대로 곱해서 더함으로써 그 비율이 산출됩니다. 예를 들면, 도표 왼쪽 아래에 있는 '안전성과 신뢰성의 개선'이 전체 가운데 차지하는 비중은 '매상 증대' 0.3 × '시장 점유율' 0.3 × '매력적인 신상품 개발' 0.4 × 안전성과 신뢰성의 개선' 0.3으로, 0.0108이 됩니다. 즉 '수익 개선'이라는 과제 전체 가운데 '안전성과 신뢰성의 개선'은 1.08%의 비중을 차지하는 수단이라 할 수 있습니다.

이처럼 '트리법'은 해결 과제의 실행 계획 수단을 확정할 때,

트리법의 예

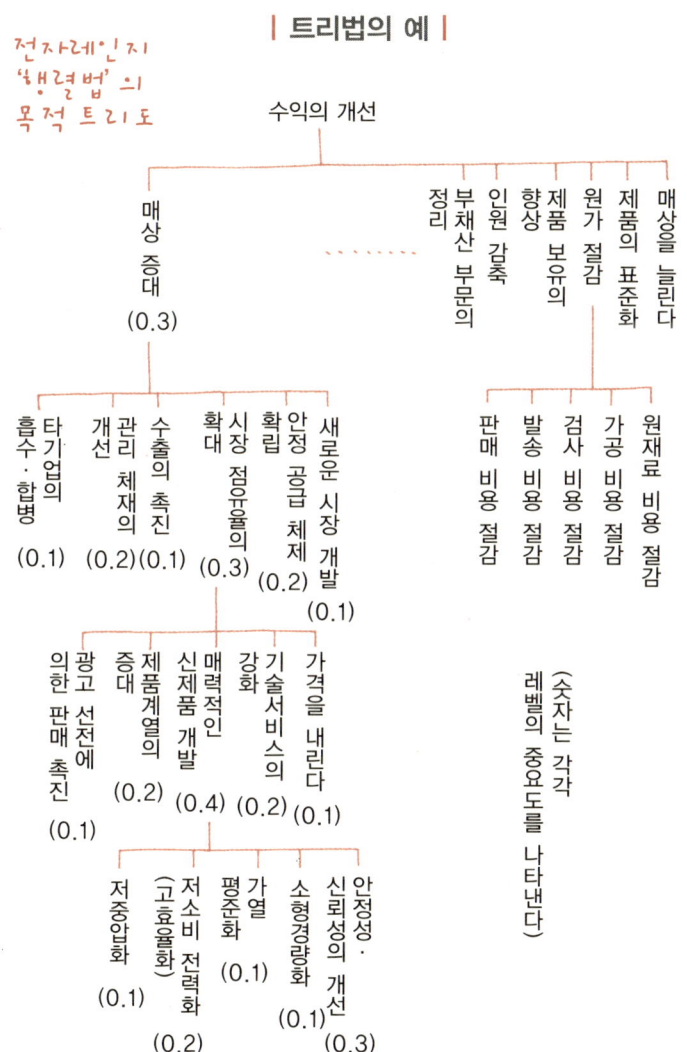

출전: 『연구개발의 시스템 어프로치』, 기타가와 켄시 지음, 코로나사 출간

확실한 실행책으로 정리하라

각각의 수단이 어느 정도 효과가 있을지를 냉정하게 판단하는 데 적절한 수법입니다.

'트리법'을 작성하기 위해서는, 해결 아이디어를 '블록법'으로 정리한 것 가운데서 선정하여, 실제로 활용할 수 있는 수단으로 정리합니다. 153쪽 그림의 사례와 같이 과제를 가장 위에 놓고, 그 밑에 '전략은?', '전술은?' 등으로 차례차례 수단을 열거해 나갑니다. 이러한 작전의 흐름을 각 수단이 누락되지 않도록 쭉 기입하면, 다음은 각각의 수단이 각 레벨에서 차지하는 비중을 산출할 수 있습니다.

문제 해결 순서에서 '문제 파악'의 단계는, 문제의 원인을 현장이라는 하위 레벨에서부터 찾아내는 보텀 업bottom up 방식입니다. 하지만 '과제 해결'의 단계가 되면, 상위의 해결 과제로부터 하위의 개별 수단으로 전개하는 브레이크 다운break down 방식이 됩니다. 이 '트리법'은 과제 해결 단계에서는 행하는 브레이크 다운 방식의 전형이라 할 수 있습니다.

스토리 법으로 실행 작전을 세우자 46

　'스토리 법'은 각 작전을 어떠한 수단으로 실시할 것인지를 정리하는 데 적당한 방법입니다. 실시 작전별로 제시한 많은 아이디어를 스토리에 따라 정리해 가는 수습 기법으로, 저자가 고안한 것입니다.

　파트 4에서는 '신입사원의 정착률이 나쁘다'는 문제에 대해, 해결 테마는 '신입사원의 정착률을 10% 높인다'가 되었으며, 해결 목표는 '사원 교육 시스템을 확립한다'로 설정되었습니다. 그래서 파트 6에서는, 이 '사원 교육 시스템을 확립한다'는 목표를 겨냥해 제시된 아이디어를 바탕으로, 어떠한 해결 순서를 밟으면 좋을지 '스토리 법'을 사용해서 구체적인 실행 작전을 세우는 방법을 설명하겠습니다.

　우선, 해결 작전별로 '카드 BS법'이나 '카드 BW법'을 이용하여 구체적인 아이디어를 전부 짜냅니다.

　그 다음은 '스토리 법' 차례입니다. B4 사이즈의 종이를 준비하여 상부에 '해결 목표'를 써 넣었다면, 세로로 3칸을 접어 3등분된 종이의 가장 윗부분에 왼쪽부터 '주된 행동', '내용&사례', '보충&설명'이라 기입해 나갑니다(157쪽 도표 참조).

　그리고 나서 카드나 포스트잇에 기입한 수많은 아이디어를 곰곰이 들여다보면서, 그 가운데서 교육 시스템의 기본 흐름(스토리)이 될 아이디어가 쓰여진 포스트잇을 골라내어, B4 용지의 '주된 행동' 란에 위에서부터 붙여 갑니다.

　그런 다음 '주된 행동' 의 포스트잇마다 그것과 관련된 구체적인 아이디어가 기입된 포스트잇을 찾아 '내용&사례' 란에 붙여 나갑니다. 세부적인 내용 안건이나 상세 설명, 참고 아이디어 등은 '보충&설명' 란에 늘어놓습니다.

　만일 아이디어를 정리하는 도중에 새로운 아이디어가 떠오른다면, 다른 포스트잇에 써서 해당하는 난에 추가하면 됩니다. 물론 처음에 발상해서 포스트잇에 쓴 아이디어를 전부 사용하지 않아도 좋습니다.

　이렇게 필요한 포스트잇을 전부 나열했다면, 흐름을 '→', 병행하는 작업을 '=선', 관련된 내용을 '-선' 으로 나타내어 교육 시스템 확립을 위한 실행책을 완료시킵니다. 이 단계에서 제각기 발상된 아이디어가 하나의 흐름 속에 연결되어, 문제 해결의 행동을 일으키는 '실행 작전' 으로 모습을 갖추는 것입니다.

| 스토리법의 예 |
'사원의 교육 시스템을 확립한다' 실행 작전

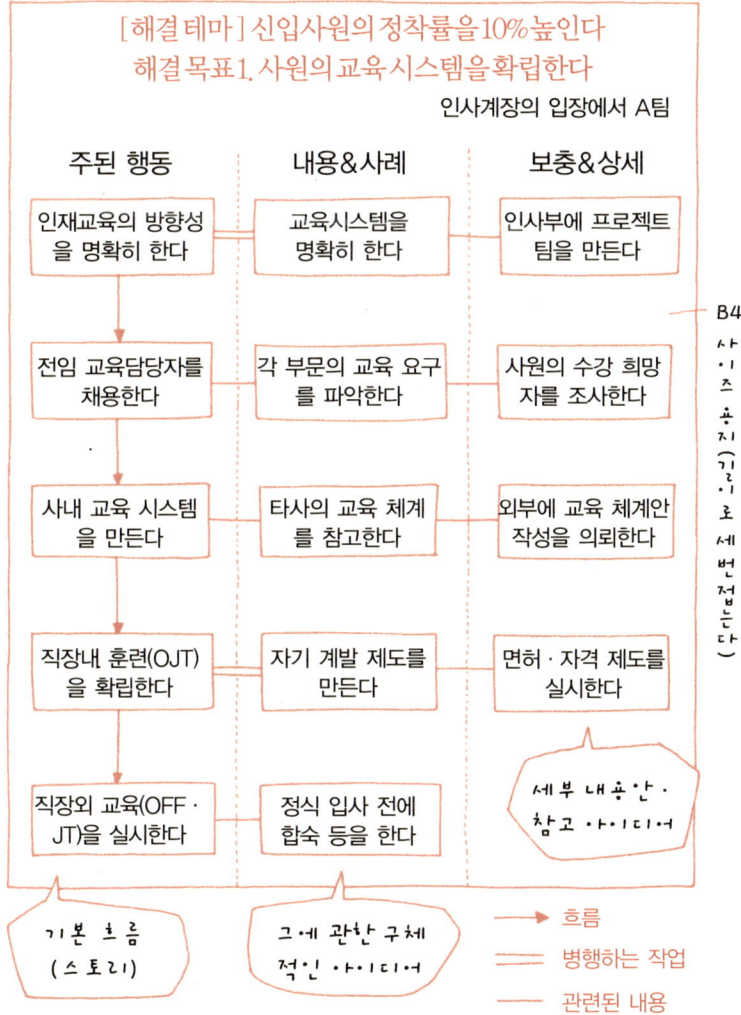

확실한 실행책으로 정리하라

사용 가능한 실행안은 무엇인가를 꼼꼼히 평가하자

이제 드디어 기획안으로 정리할 때가 왔습니다. 사용 가능한 안건인지 여부를 평가해야 합니다. 파트 1에서 언급한 '문제 해결의 6가지 단계(20쪽 참조)' 중, 스텝 5의 '종합 평가'에 대해서 구체적인 진행 방법을 설명하겠습니다.

과제를 해결하기 위한 몇 가지 실행안이 빠짐없이 제시되었다면, 그 가운데서 실행책을 결정하기 위해서는 안건 하나하나가 진짜 실행 가능한 것인지의 여부를 엄격한 기준으로 종합 평가해야 합니다.

아이디어 평가의 기본은 다음 세 가지 요소를 점검하는 것입니다.

아이디어 평가 포인트

(1) 독자성
자기 자신, 자기 사업, 회사, 대상자(고객이나 거래처 업자 등)에게 적합한가?
일반적 대책에 머무르지 않고, 독자적인 고안이나 노력이 있는가?
일시적인 것이 아니라 장기적 해결책이 될 수 있는가?

(2) 가능성
실행 가능성은? 기술적인 대책은? 경비나 비용 대비 효과는? 기한이나 기간은?
실행 장소나 상황은? 실시 능력은? 실시자는? 협력자는?

(3) 설득성
논리성은? 치밀성은? 확실성은? 신뢰감은? 납득 정도는?

현대성은? 사회성은?

단, '내가 생각한 묘책인데' 또는 '모두가 협력하여 만들어낸 고심작인데' 하면서, 개인적인 심정이나 과정에 얽매이는 것은 좋지 않습니다. 오히려 아이디어를 실행하는 입장에 서서 냉정하고 객관적인 자세로 제시된 아이디어가 '사용 가능한 아이디어인지'의 여부를 판단하는 것이 중요합니다.

예를 들어 '지점의 전 사원에게 철저히 전달한다'는 과제에 대해, '월요일에 정기적으로 전원에게 메일로 주보를 보낸다'는 안을 냈다고 합시다. 이 안건을 채용할 경우, '그 메일을 지점의 전 사원이 반드시 읽도록 하기 위해서는 어떻게 하는 것이 좋을까'를 검토합니다. 또 '본사의 누가 송신할 것인가'나 '누가 확인할 것인가' 등, 구체적으로 실시하기 위한 체크를 해야 합니다.

종합 평가란, 아이디어 전체를 구상함과 동시에 구체적인 실행안이나 실행 순서 등을 자세히, 그리고 꼼꼼히 평가할 필요가 있습니다.

실행 작전을 **기획서**로 만들어 보자 48

　종합 평가에 의해 구체적인 실행책이 완성되었습니다. 다음은 이것을 '기획서'로 만들어 상사나 거래처 사람을 설득할 필요가 있습니다.

　자신이 또는 구성원들이 함께, 지금까지 몇 번이고 검토하여 완성한 노력과 지혜의 결정을 집약하는 것이므로, 기획서는 다음의 다섯 가지에 입각하여 신중하게 작성합시다.

기획서 작성 포인트

(1) 형식

　사전에 직장이나 기업에서 기입 항목이 들어 있는 기획서의 기본 양식, 즉 형식을 작성해 두면 곧바로 중요한 항목을 빠트리는 일 없이 기획서를 작성할 수 있습니다. 163쪽에 기획서의 한 예가 있습니다.

　다만, 기획서가 여러 장이 되면 이해하거나 의사 결정을 하는데 시간이 걸리므로 기획서는 1~3장 정도로 제한하며, 자세한 설명은 첨부 자료로 만듭시다.

(2) 포인트

　기획서에서 가장 중요한 것은 포인트이므로, 어필하고 싶은 포인트를 핵심을 찔러 알기 쉽게 표현합니다.

(3) 숙고

　관계자가 내용에 흥미를 갖고 기획을 채택하도록 표현을 숙고 합시다(169쪽 참조).

(4) 계통

기획서는 처음부터 끝까지 일관되고 조리 있게 작성하지 않으면 이해나 납득을 얻을 수 없으므로, 계통을 세워 흐름에 맞춰 정리합시다.

(5) 공들인다

관계자가 단순히 찬성하는 것이 아니라 지원을 하도록, 기획자의 집념과 의욕이 느껴질 수 있게 합니다. 공들인 티를 내거나 독자성, 손수 만들었다는 연출을 하는 것입니다.

이 다섯 가지 포인트를 의식하여, 관계자가 '정말 좋네!', '그래 채용하자' 고 생각하는 기획서를 써 보기 바랍니다.

다음 페이지에 '한 장 기획서' 의 예를 실어두겠습니다. 기획서는 이처럼 기본 양식을 만들어두면 누구나 편안하게 작성할 수 있습니다.

한 장 기획서의 작성 예

마을 살리기 이벤트 기획서 00년 00월 00일 제안자(야마구치)

1. 타이틀 [우리 마을에 오신 것을 환영합니다]
2. 주체 [기획조정과]

3. 기획 콘셉트 (기본 방침 / 기획 의도 등)
 ○○마을의 벼 키우기를 도시 주민에게 체험하도록 하여, 도시와의 교류를 도모한다.

4. 기획 배경 (사회 상황 / 현장 분석 등)
 ○○마을은 인구가 감소하고, 청소년도 적으며, 도시와의 교류가 거의 없다. 도시 주민도 농촌 체험을 원하고 있다.

5. 기획 개요 (구상 내용 / 구체안 등)
 모 심기부터 벼 베기까지의 전 체험
 (대상) 도시 가족을 10조
 (기간) ○○년 3월부터 10월까지
 (경지) 휴경전을 한 가족 3평까지 경작
 (숙박) 농가에 민박 (휴경지 농가 중심)
 (교류) 농가나 청년단과 교류

6. 실시 스케줄 (실시 일정 / 순서 등)
 ○○년 3월 민박 농가와 교류 파티
  4월 모심기
  6월 논 손질
  8월 마을 주민이 도시 주민을 방문
  10월 수확

7. 실시 조직 / 예산 / 기타
 교류실행위원회 / 예산 100만엔 (주로 PR비)

확실한 실행책으로 정리하라

49 기본 양식으로 기획서를 써 본다

기획서 내용에 따라 기입하는 항목은 각각 다르지만, 165쪽의 그림에 있는 '도입부·내용부·집결부' 라는 기본 구성에 따라 정리하면, 어떤 테마나 내용이라도 규격에 맞고 조리 있는 기획서를 작성할 수 있습니다. 즉, 기획서별로 기본 구성 중에서 불필요한 항목은 제외하고 필요한 항목을 추가하여 정리하면 됩니다.

처음 '도입부' 는 전체 이미지를 쓰는 부분입니다. 표지에는 한 눈에 내용을 알 수 있는 타이틀을 붙이고, 서두에는 간단한 인사말이나 기획 의도를 쓰며, 목차와 기획서 전체 요약도 덧붙입니다. 저는 표지에 타이틀과 함께 목차, 더 간소하게 만들고 싶을 때는 요약도 싣습니다.

다음 '내용부' 는, 관계자의 이해와 납득을 얻기 위해 기획 내용을 자세하게 설명하는 부분입니다. 과제 인식에서는 과제가 어떤 것을 의미하는지 써 넣고, 기획 배경에는 이 기획이 생겨난 배경이나 필요성을 이야기합니다. 가장 중요한 기획 구상에서는 기획 목표와 아이디어 내용을 설명합니다. 구체적인 내용에서는 각각 그 대책을 제시하고, 운영 계획에서는 실행 계획, 실시 장소, 예산 등을 씁니다.

마지막 '집결부' 는 기획에 대한 이해를 높이기 위해 매듭짓는 부분입니다. 재요약은 기획의 주요한 포인트를 다시 한마디로 정리하는 항목인데, 생략하는 경우가 많은 것 같습니다. 대체안에는 설

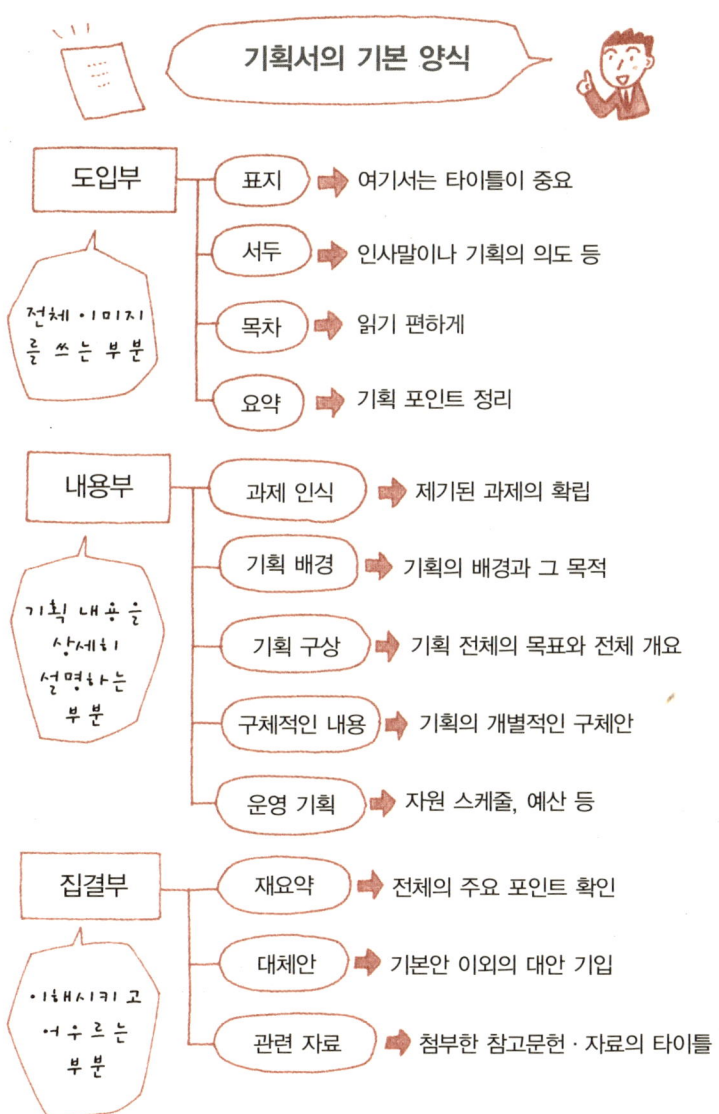

기획서의 기본 양식

도입부 — 전체 이미지를 쓰는 부분
- 표지 ➡ 여기서는 타이틀이 중요
- 서두 ➡ 인사말이나 기획의 의도 등
- 목차 ➡ 읽기 편하게
- 요약 ➡ 기획 포인트 정리

내용부 — 기획 내용을 상세히 설명하는 부분
- 과제 인식 ➡ 제기된 과제의 확립
- 기획 배경 ➡ 기획의 배경과 그 목적
- 기획 구상 ➡ 기획 전체의 목표와 전체 개요
- 구체적인 내용 ➡ 기획의 개별적인 구체안
- 운영 기획 ➡ 자원 스케줄, 예산 등

집결부 — 이해시키고 어우르는 부분
- 재요약 ➡ 전체의 주요 포인트 확인
- 대체안 ➡ 기본안 이외의 대안 기입
- 관련 자료 ➡ 첨부한 참고문헌·자료의 타이틀

확실한 실행책으로 정리하라

명한 기본 아이디어 이외의 대안을 기입하고, 관련 자료에는 첨부한 상세 데이터나 참고 자료의 타이틀을 메모합니다.

이상이 기획서에 반드시 담아야 하는 기본 항목인데, 1~3장(표지는 별도)에 들어갈 수 있도록 요점을 집어 정리합시다.

또한 기획서를 한 장에 정리하고 싶은 경우에는, 다음과 같은 항목을 순서대로 기입합시다(167쪽의 그림 '한 장 기획서의 기본 양식'을 참조).

    1) 타이틀(또는 서브 타이틀)
    2) 주체(실시하는 조직이나 사람 등)
    3) 기획 콘셉트(기본 방침, 기획 의도 등)
    4) 기획 배경(사회 상황, 현상 분석 등)
    5) 기획 개요(구상 내용, 구체안 등)
    6) 실시 스케줄(실시 일정, 순서 등)
    7) 기타(실시 도구, 예산, 실시자 등)

한 장 기획서의 기본 양식

[　　　　　기획서]　　　　년　월　일 제안자(　　　)

1. 타이틀	2. 주체

3. 기획 콘셉트 (기본 방침, 기획 의도 등)

4. 기획 배경 (사회 상황, 현장 분석 등)

5. 기획 개요 (구상 내용, 구체안 등)

6. 실시 스케줄 (실시 일정, 순서 등)

7. 기타 (실시 도구, 예산, 기타)

확실한 실행책으로 정리하라

기본 양식을 정리한 한 장 기획서의 예

[지방 백화점 이벤트 기획서] ○○년 ○○월 ○○일 제안자(ㄱ ㄱ바시)

1. 타이틀 [즐거운 할로윈 페어]   2. 주체 [영업본부]

3. 기획 콘셉트 (기본 방침, 기획 의도 등)
가을 물품의 최성기이며 수요의 최대 시기인 10월에 할로윈을 곁들인 이벤트를 실시함으로써 소비자를 주목시키고 흥미를 끌어들인다. 주요 판매 아이템은 '가구' '인테리어 물품' '식품'. '매년 10월의 할로윈 축제'의 인식과 정착을 감안해, 상정할 수 있는 고객수를 확보한다.

4. 기획 배경 (사회 상황, 현장 분석 등)
'할로윈'은 이미 일본에서도 꽤 정착되어 있는 기념일. 경쟁이 격화되어 가고 있는 요즘, 당 백화점도 타사에는 없는 유니크한 이벤트를 기획할 필요가 있다. 그런 의미에서 '할로윈'은 아직 타사에서는 채택되지 않은 기획으로서 독자성을 갖는다.

5. 기획 개요 (구상 내용, 구체안 등)
기획 이미지 : 이벤트를 중심으로 하겠지만, 전관의 매장과 내장 등을 황색이나 오렌지 계열로 통일하여 따뜻하고 즐거운 분위기를 연출한다.
개최 기간 : ○○년 10월 9일~25일의 17일간
이벤트 내용 : (1) 호박 시장 - 호박으로 만든 푸딩, 케이크, 쿠키 등을 특별 판매한다. 그 자리에서 직접 제조하여 판매함으로써 식품 매장의 활성화를 꾀한다.
(2) 호박 퀴즈 - 국내 여행에 당첨되는 '호박씨 맞추기 퀴즈'를 가구 매장 중앙에 특별 스테이지를 설치하여 실시한다.
고지 방법 : - 캐릭터를 사용한, 한순간에 눈길을 끄는 황색과 오렌지색의 전단지를 집집마다 배포한다.
- 전철역 등에 포스터를 붙인다. 전철역 앞에서 전단지를 배포한다.

6. 실시 스케줄 (실시 일정, 순서 등)
○○년 8월 상순 종합 기획, 기본 방침 결정
8월 하순 실시안 작성 기간
9월 상순 관련 상품, 전단지 등을 제작·배포
10월 9일 할로윈 페어 개시
10월 25일 할로윈 페어 종료

7. 기타 (실시 조직, 예산, 기타)

종합 기획비	100만엔
각종 광고, 인쇄 관련비	1,200만엔
SP관련 제작비	500만엔
각종 상품비	500만엔
회장 설치 운영비	200만엔
합계	2,500만엔

기획서 작성은 표현 포인트와 표현 규칙을 준수한다 50

기획서는 상대방이 흥미를 갖고, 금방 정확하게 이해하도록 해야 합니다. 아무리 좋은 아이디어라도 그 장점이 충분히 전달되지 않으면, 문제 해결이 잘 되지 않을 것입니다. 그래서 기획서는 다음의 네 가지 표현 포인트를 제대로 지켜 작성할 필요가 있습니다.

기획서 작성에서 중요한 4가지 표현 포인트

(1) 타이틀 → 한번에 이해시킨다

타이틀은 기획서 내용 전부를 나타내는, 기획서의 생명입니다. 기획서의 내용을 읽지 않고도, 한번 보면 기획자의 의도나 기획 내용을 알 수 있도록 심금을 울리는 한마디(15자 이내)를 생각합니다. 만일 한마디로 표현하기 어려울 때에는 부제를 달아, 보다 구체적인 내용이나 목표를 덧붙입시다.

(2) 문장 → 주장을 명확하게 전달한다

일반론이나 전제·변명 등을 장황하게 늘어놓지 말고, 단문을 이용하거나 조목별(1줄에 40자 이내, 설명문은 5줄 이내)로 핵심을 찔러 정리합니다. 또, 용어나 표현을 통일하고, '이다' 문체로 확실하게 씁시다.

단, 너무 자세한 해설이나 전문용어·업계용어를 남용하면 상대방이 이해하기 어렵고, 일방적인 억지 이론이나 강요하는 듯한 설명은 상대방의 기분을 상하게 하므로 주의합시다.

확실한 실행책으로 정리하라

기획서의 표기 규칙

① 간결하게
- 1행의 길이는 40자 이내의 단문, 설명문은 5행 이내
- 내용이 분리될 때는 1·2·3…식으로 번호를 붙여 쓴다

② 정확하게
- 말하고 싶은 것을 정확히 표현한 단어를 쓴다
- 키워드로 특징을 표현한다
- 전문용어나 업계용어의 남발은 피한다

③ 통일한다
- 장·절의 타이틀의 길이나 표현(명사든 동사든)을 통일한다
- 1, (1), ① 등 번호 매기는 법을 통일한다
- 용어(귀사·당사 등)를 통일한다
- 기호(퍼센트든 %든)나 숫자(15,000든 1만 5000이든 1만 5천이든) 등을 통일한다

④ '이다' 체로
- 강조하고 싶은 포인트가 확실히 드러난다

따라서 문장으로 정리할 때는 170쪽의 '기획서 표기 규칙'을 잘 지켰는지 스스로 체크해 보시기 바랍니다.

(3) 도표 → 한눈에 많은 정보를 파악하게 한다

많은 항목을 설명하거나 비교·유추할 때는 문장으로 쓰면 길어지므로, 그림이나 그래프·표 등으로 나타내어 한눈에 많은 정보를 파악할 수 있게 합시다. 특히 숫자 데이터가 많을 때나 기획서를 뒷받침하는 상세 자료는 도표로 만드는 것이 필수 조건입니다.

(4) 사진·일러스트 등 → 시각적으로 표현한다

문장뿐만 아니라 사진이나 일러스트, 혹은 비디오 영상이나 견본 모형 등을 함께 사용하여 시각적으로 표현함으로써, 상대방이 보다 정확하고 구체적으로 이해하도록 합니다. 상대방이 문제를 해결했을 경우의 이미지를 구체적으로 그릴 수 있다면, '가능할 거야, 반드시 성공시키자!'는 기대가 커집니다.

51 기획서는 **기획자의 열의**가 전해지도록

기획서는 상대방에게 기획 의도나 내용을 정확하게 전달하는 것에 그치는 것이 아니라, 감동을 주어 열렬한 지원을 얻어 제안 내용을 채택하도록 표현하는 것이 중요합니다. 세세한 부분은 놔두더라도 구상 자체를 관계자가 호감을 가지고 지원해 준다면, 기획을 수정하거나 보충하기 쉽고, 문제를 해결하는 행동에 크게 한 발 내디딜 수 있기 때문입니다.

실제로 가정에서든 비즈니스 세계에서든 '○○군이 너무 열심히 해서…', '○○씨의 열의에 감동받아서…' 등의 이유로 기획이나 제안을 승낙했다는 이야기를 자주 듣습니다. 기획서의 평가는 지면에서 은근히 느껴지는 기획자의 의욕을 평가하는 것도 포함됩니다. 그러므로 상대의 마음을 강하게 움직이는 기획서로 완성하기 위해 '기획자의 열의'가 전해지는 표현을 궁리해 봅시다.

기획자의 열의를 전달하는 표현을 궁리

(1) 매체를 바꾼다

기획서가 반드시 종이일 필요는 없으며, VTR이나 CD-ROM 등으로 작성해 봅시다.

(2) 사이즈를 바꾼다

용지를 아예 크게 하거나 삼각형, 원형 등으로 만들어 주목을 끕시다.

(3) 용지의 색과 소재를 바꾼다

검은 종이에 흰 글씨를 쓰거나 한지 등을 사용해, 기획의 분위

기획자의 열의를 전한다   표현의 궁리

① 매체 변경 → 종이가 아니라 비디오, CD-ROM, 테이프, 디지털 카메라 등으로 바꾼다.

② 사이즈 변경 → A3 사이즈로 확대하거나 원형의 용지를 쓴다.

③ 용지색·소재 변경 → 흰색이 아니라 컬러 용지를 쓴다거나 강조하고 싶은 페이지를 한지나 아트지로 바꾼다.

④ 목차 변경 → 결론을 맨 먼저 이야기하는 등 근본적 체계를 바꾼다.

⑤ 서체 변경 → 손글씨나 붓글씨, 명암글씨 등 서체를 바꾼다.

⑥ 큰문자·밑줄로 강조 → 포인트만을 큰 문자로 기입하거나 밑줄을 긋는다.

⑦ 기술법 변경 → 문어체를 구어체로 하거나 사투리로 적는다.

⑧ 화자 변경 → 제3자, 예를 들어 소비자가 이야기하듯 쓴다.

⑨ 시각화 → 일러스트나 사진, 만화 등을 중심으로 한다.

⑩ 컬러화 → 프린터나 복사기로 컬러 기획서를 작성한다.

확실한 실행책으로 정리하라

기를 북돋웁시다.

(4) 목차를 바꾼다

결론인 아이디어를 소개한 다음에 기획 배경을 설명하는 등, 상대방의 흥미를 끌어냅시다.

(5) 서체를 바꾼다

컴퓨터 활자 중에 필기체나 궁서체를 넣으면 선명하게 보입니다.

(6) 대문자와 밑줄을 사용한다

숫자만 큰 문자를 사용하거나 중요한 지적에는 밑줄을 그어 강조점을 전달합니다.

(7) 기술 방법을 바꾼다

문어체 가운데 ' '로 표시하여 방언이나 구어체를 넣으면 인상에 남습니다.

(8) 화자를 바꾼다

아이의 눈이나 주부의 입장 등 시선을 바꾸어 문제를 이야기하면 더 설득력이 있습니다.

(9) 시각화한다

취재한 현장의 사진이나 이미지 일러스트가 있으면 이해가 깊어집니다.

(10) 컬러로 표현한다

내용에 맞추어 강약 있는 색깔을 사용하면 읽기 쉬워집니다.

기획서를 완성했다면 **간직하고,** 설득 방법을 생각하자 52

기획서가 완성됐다면, 잠시 휴식을 취하는 등 일단 그것에서 벗어나서 다른 일을 하면 좋습니다. 그렇게 하면 스스로 의식하지는 않지만, 머릿속에서는 기획서의 내용이 더 정리되어 그 기획서를 가지고 어떻게 상대방을 설득하면 좋을지 생각하게 됩니다. 기획서를 잘 점검하여 어떻게 표현하는 게 적당한지 꼼꼼히 재검토합시다. 이는 발산사고에서 집중적으로 아이디어를 발상한 다음 시간을 두고 머리를 식히면서 머릿속에 '간직한' 다음에, 수습사고로 아이디어를 정리하는 것과 마찬가지입니다.

이제 상대를 어떻게 설득하면 좋을지, 설득 방법에 대해 생각해 봅시다. 176쪽에 있듯이 설득은 다음의 네 가지 요소로 이루어집니다.

설득을 위한 4가지 요소

(1)발신자

여러분이 발신자인 셈인데, 수신자를 설득하기 위해서는 발신자인 여러분이 '신빙성'을 갖는 것이 중요합니다. 신빙성은 '전문성'과 '신뢰성'의 2가지로 이루어집니다. 즉, 상대방이 여러분이야말로 그 문제에 대해 잘 알고 있고 전문가라고 생각하고, 그 위에 인간으로써 상대방이 신뢰할 수 있는지 여부가 관건입니다.

(2)채널

채널은 전달 수단입니다. 기획서라는 표현물이 알기 쉽고, 내

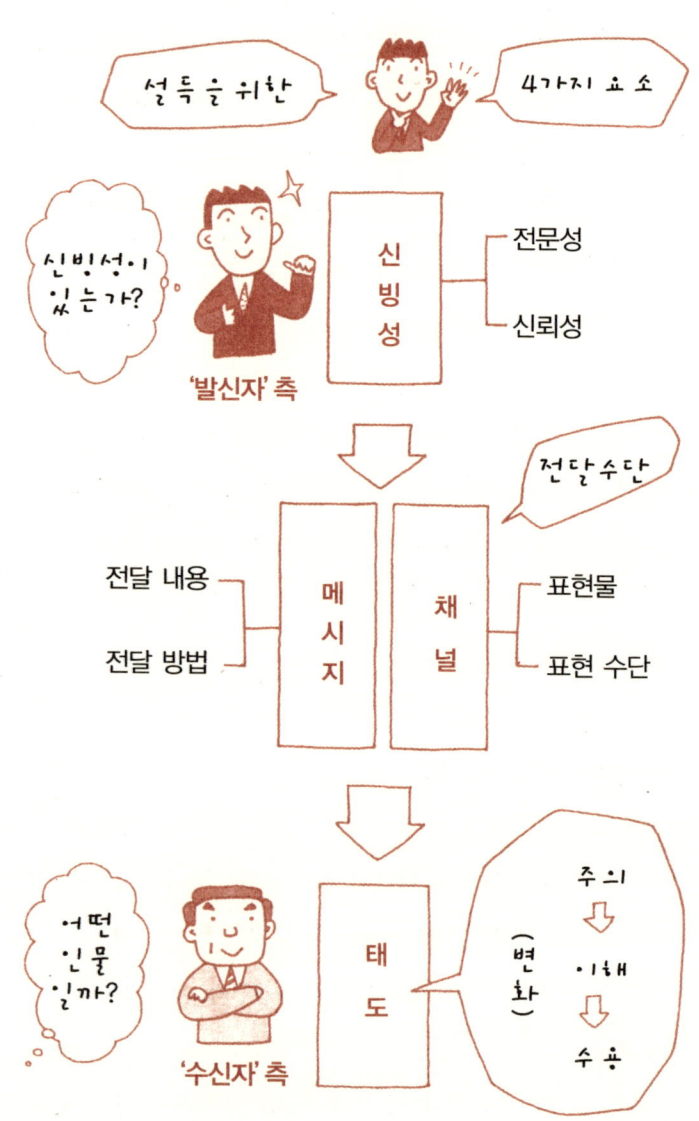

용이 충실하며, 잘 납득할 수 있는가 하는 점은 빼놓을 수 없습니다.

(3) 메시지

전달 내용과 전달 방법이 메시지입니다. 기획서의 내용과 당신의 프리젠테이션이 잘 전달되었는지에 따라 그 여부가 결정됩니다.

(4) 수신자

마지막으로 수신자입니다. 수신자가 어떤 사람인지 잘 조사하여, 상대의 마음을 사로잡는 방법을 빈틈없이 생각했는지의 여부가 승부수입니다.

기획서를 작성했다면 꼼꼼하게 그 기획서를 살펴보고, 어떻게 상대방을 설득하면 좋을지 여러모로 생각해 보시기 바랍니다. 아무리 좋은 기획서라도 마지막 설득 기회인 프리젠테이션에서 실패한다면, 지금까지의 수고가 물거품으로 돌아갑니다.

Part 7

문제 해결 스텝 6 "해결 행동"

신속하게 실행에 옮겨라

프리젠테이션은 사전 → 실제 → 사후 3단계 순서를 확실히 하자

기획서를 작성했다면, 그 내용을 상사 혹은 다른 부서나 거래처 사람에게 이해시키고 승낙을 얻어내기 위한 프리젠테이션을 행합니다.

프리젠테이션은, 상대가 한 명일 때와 여러 명일 때는 전개 방법에 다소 차이가 있지만, 기본적으로는 '사전 준비→ 실제 프리젠테이션→사후 검토'로 이어집니다.

프리젠테이션의 3단계

(1) 사전 준비

우선 설득해야 하는 상대가 누구인가를 생각하여, 설득 목표와 상대에 맞는 설득 방법을 정해 두는 것이 중요합니다. 그리고 상대방에게 맞춘 기획서나 첨부 자료를 인원수만큼 준비합니다. 또한 프리젠테이션의 장소·시간·기자재 등을 체크하여, 리허설을 꼼꼼히 반복해 보는 것이 중요합니다.

팀 단위로 발표할 때에는, 멤버의 역할 분담(발표자, 자료 분배자, 기기 조작자, 계시원 등)을 정해 둡니다.

기획에 대한 협력을 구하며, 사전에 관계자들에게 인사를 하거나 사전에 이야기를 나누어두도록 합시다.

(2) 실제 프리젠테이션의 전개

실제 프리젠테이션에서는, 자기소개를 먼저 한 다음, 전체 설명, 부분 설명, 다시 전체 내용의 포인트를 강조하는 식으로 진행합

프리젠테이션의 3단계

사전준비
1) 설득 상대를 확정하고 분석했는가
2) 설득의 목표와 내용을 정했는가
3) 프리젠테이션 소재의 내용과 부수를 확인했는가
4) 회장·기재·소재·시간을 체크했는가
5) 역할을 정하고, 리허설을 통해 문제점을 체크했는가
6) 사전에 물밑 작업은 충분히 했는가
7) 실제에서의 질문을 상정하여, 정확한 응답문을 작성했는가

실제전개
1) 전체 → 부분 → 전체의 순으로 발표했는가
2) 말투·자세·진행에 신경을 썼는가
3) 사전 준비에 너무 치우치지 않고 에드리브를 활용했는가
4) 발표 소재와 배포물을 제대로 활용했는가
5) 시간과 공간을 유효하게 사용했는가
6) 충분한 질의응답이 가능했는가

사후검토
1) 프리젠테이션에 대한 상대측의 반응을 확인했는가
2) 상대에게 프리젠테이션에 대한 검토를 확인했는가
3) 프리젠테이션에 대해 반성하고, 뒤돌아보았는가
4) 실행 계획의 내용을 재체크했는가
5) 실행 계획을 위해 자원·인재 등을 준비했는가

신속하게 실행에 옮겨라

니다. 상대방의 반응을 살펴가면서, 알기 쉬운 말로, 천천히, 큰 목소리로 이야기하시기 바랍니다. 자세한 것은 183쪽에서 설명하겠습니다.

시간이 초과되지 않도록 신경을 쓰면서 발표한 다음에는 침착하게 질의응답을 행합니다.

또, 참고 자료는 발표가 끝난 다음에 나누어주도록 합시다. 처음에 나누어주면 사람들이 자료를 읽기 시작하여, 발표자나 발표를 듣지 않게 되기 때문입니다.

(3) 사후 검토

프리젠테이션이 끝나면 곧바로 발표 멤버가 모여, 발표 내용이나 제안 방법에 대해 반성합니다. 그리고 가능한 한 빨리 상대방에게 전화를 걸거나 직접 만나서 이쪽의 제안을 상대방이 어떻게 받아들였는지를 확인하는 것이 중요합니다.

이렇게 스스로 반성할 점이나 상대방의 의향을 참고하여 제안 내용을 수정하거나 보안해서 기획이 결정되도록 충분히 지원해 둡니다.

또한 기획을 진행하라는 사인이 나오면 바로 실시할 수 있도록 실행 계획을 다시 살펴보거나 실행 체제를 갖추어둡시다.

실제 프리젠테이션은 5가지 포인트에 유의하면서 설득하자

드디어 실제로 프리젠테이션을 하게 되었습니다. 여기서는 상대방을 설득하는 것이 최대 사명입니다. 사전에 준비하여 프리젠테이션 때 효과적으로 활용합시다.

바쁜 상대에게 제한된 시간 안에 여러분의 기획이 훌륭하다는 납득을 얻어 승낙을 받아내는 프리젠테이션을 하기 위해서는, 다음의 포인트에 유의할 필요가 있습니다.

프리젠테이션을 성공시키는 5가지 포인트

(1) 감촉

기타유(義太夫-일본 시파의 하나)에서 가장 귀를 기울일 만한 것을 '감촉'이라고 하는데, 프리젠테이션에서도 이 '감촉'은 중요합니다.

당신이 세운 기획에서 가장 큰 자랑거리나 어필하고 싶은 장점은 무엇인지 요점을 반복하여 강조함으로써, 상대의 기억에 확실하게 남을 수 있도록 합니다.

(2) 수단

컴퓨터·VTR을 사용한다거나, 견본품을 제시하거나 실제로 보여주면서, 혹은 BGM을 틀어놓는 등, 수단을 강구하는 것이 중요합니다. 다양한 수단이나 도구를 구사하여 기획 내용을 효과적으로 프리젠테이션합니다.

(3) 일관성

체계적인 흐름에 맞추어 기획을 작성한 것과 마찬가지로, 프리젠테이션도 일정 순서에 따라 진행할 필요가 있습니다. 그러기 위해서는 프리젠테이션의 '기승전결'의 각 내용에 대해서도 확실하게 포인트를 잡아 명확하게 설명합니다.

(4) 설득

프리젠테이션의 대상 중에서, 특히 의사 결정권을 가진 사람의 전문 분야, 관심 사항, 기획에 대한 지식, 입장, 성품 등에 대해 사전 조사를 합니다. 이를 바탕으로 상대방의 반응을 정확히 파악하면서 확실하게 설득해 갑시다.

(5) 즉응

사전에 작성한 상정 질문에 대한 정확한 답변이나 상세 데이터, 관련 자료를 바탕으로, 그 자리에서 나온 질문에 딱 들어맞는 재치 있는 대응(즉응)을 합시다.

프리젠테이션 후에는 반드시 **사후 검토**를 한다

실제 프리젠테이션이 무사히 끝났다고 해도, 프리젠테이션은 아직 끝난 것이 아닙니다.

프리젠테이션을 받은 상대방은 시간이 흐르면서 기획 내용에 대한 기억이 희미해지면서 아리송해지고, 진의를 충분히 파악할 수 없는 상태에서 기획을 판단해 버릴 위험이 있기 때문입니다.

또, 프리젠테이션 상대는 제안된 기획을 직장에 가지고 돌아가 상사나 관계 부서에 기획 내용을 설명하거나 그 장단점을 타진하는 경우가 많습니다. 그런데 그때는 기획서만으로 판단되고 평가되기 때문입니다.

따라서 프리젠테이션에 출석한 사람이 기획에 대한 이해도나 납득도를 높일 수 있도록, 또는 기획서만 읽는 사람들에게도 기획의 의도나 특징이 명확하게 전달되도록, 프리젠테이션 후에는 바로 다시 검토하고 권유해 보는 것이 중요합니다.

프리젠테이션 후의 검토 포인트는 다음 5가지입니다.

프리젠테이션 후의 5가지 검토 포인트

(1) 성찰

되도록 프리젠테이션 직후에 반성하는 시간을 갖습니다. 그래서 실제 프리젠테이션에서 나온 상대방의 반응을 되돌아보거나 기획 내용을 잘 반성하여, 즉시 내용을 충실히 보충하거나 수정하도록 합니다.

신속하게 실행에 옮겨라

(2) 임명

자신이 실행 담당자가 아닌 경우에는, 미리 최적임자를 실행 담당자로 정해(임명해) 둡니다.

(3) 보완

다시 제출할 수 있다면, 재검토 내용을 담아 기획서를 재수정·보충(빼고 더하고)하여 최신 기획서를 상대에게 건넵니다. 상대방이 없는 경우에도 팩스나 메일, 우편 등으로 보낼 것이 아니라 직접 손수 전달합시다. 직접 건넴으로써 한층 더 이쪽의 열의를 전달하며, 수정이나 보충을 한 충실한 기획 내용에 주목을 받을 수 있습니다.

(4) 물밑 작업

프리젠테이션 후에 상대가 어떻게 평가하는지를 알아보고, 기획을 채용하도록 적극적으로 손을 씁니다(뒤에서 공작을 한다?). 재차 의사 결정자를 확인하여, 그 당사자나 주변 사람들과 이야기를 나눕니다.

(5) 적극성

자신이 중심이 되어 실시될 수 있도록 적극적으로 나섭니다. 만약 다른 멤버가 실행인이 되더라도 기획 후의 실행을 전부 맡겨 두지만 말고, 그 실행인을 적극적으로 도웁시다.

실행은 남의 일이라 생각하지 말고 **자신의 일**로 생각하자 56

    기획 내용에 OK 사인이 나왔어도 기뻐하고 있을 수만은 없습니다. 그 기획을 신속하게 실행하여 결실을 맺지 못하면 문제를 해결했다고 할 수 없기 때문입니다. 주변에 협력을 청하면서 원만하게 기획을 실행하는 비법은 '자신의 일'로 생각해서 대처하는 것입니다. '스스로 한다'는 의욕이 문제 해결을 앞당깁니다.

    기획자 스스로 실행하는 경우에는 '일을 시작한 사람'으로서의 자각이나 자신감·책임감도 가지고 있어서 '자신의 일'로서 적극적으로 기획 내용을 실시하도록 노력할 것입니다.

    하지만 기획자와 실행인이 다른 경우에는, 실행하는 측이 기획에 대한 충분한 열의나 이해가 부족하기 쉽습니다. 할 수 없이 떠맡았다는 '피동 의식'을 가지거나, 다른 일을 하는 중간중간에 하면 어떻게 되겠지 하는 '남의 일'이라는 기분을 갖게 되어 좀처럼 실행되지 않는 경우가 있습니다. 이렇게 꾸물꾸물하며 실시를 뒤로 미루는 사이에 문제 해결 시기를 놓쳐버려, 애써서 해결책을 정리한 기획서가 그저 종잇조각으로 끝나버릴 수 있습니다.

    그러므로 실행인이 누구이건 간에, 한 사람이건 팀이건 간에, 진지하게 문제에 대처하여 열의를 가지고 기획 내용을 실시할 수 있도록 합시다. 예를 들면 '연락 미스 제로 작전—주문 변경을 현장에 확실히 전달하자!' 등의 명확한 실행 슬로건을 내겁시다. 그런다음 실행인 자신은 다음 7가지 실행 조건을 설정합시다.

7가지 실행 조건

1) 언제부터 언제까지(실행 기간, 진행 사항 체크 시기, 성과 확인 시기)
2) 누가, 누구와, 누구에 대해(실행인, 실행 협력자, 실행 책임자, 실행 대상자)
3) 무엇을(해결 테마)
4) 어느 정도까지(목표 수치)
5) 어떻게(구체적인 수단, 방법, 도구)
6) 어디서(장소, 상황)
7) 얼마를 들여(비용) 실행할 것인가

이처럼 구체적인 실행 작전을 기록하여 관계자 전원에게 철저히 주지시키고, 실행 담당자나 실행 협력자 모두가 '당사자'로서 '자신의 일'처럼 문제에 대처해야만 하는 상황을 만드는 것입니다. 그리고 정기적으로 실행 상황을 보고하고 체크하면서, 도중에 해결책을 궤도 수정해 나가는 것도 중요합니다.

57 실행할 때는 주변사람을 끌어들이도록 해보자

기획 내용을 실행할 때에는 관계자에게 설명하는 것만으로는 부족합니다. 사람은 협력하도록 명령당하면 반발하고, 강제성을 띠면 도망가려고 합니다.

하지만 실행인이 사람들에게 협력을 받을 수 있게끔 구체적인 대책이나 수단을 알기 쉽게 제시하고 스스로가 있는 힘껏 여러 가지로 노력한다면, 주변 사람들은 자연스럽게 그 일에 연루되어 따뜻한 눈으로 응원해 줄 것입니다.

예를 들면 '○○ 운동'이나 '△△의 날'을 정해 관계자로 하여금 참가하게 하여, 한 발씩 현장 개선을 도모하고 문제 해결을 유도하는 것도 하나의 안입니다.

아시는 분도 많으리라 생각하는데, 「어려운 문제 해결, 이웃의 저력」이라는 NHK의 TV 프로가 있습니다. 까마귀가 쓰레기 봉지의 내용물을 꺼내서 어지럽히는 문제나 낙서·빈집털이·애완견의 배설물 등 지역 내에서 발생하는 여러 사안을 문제 삼아, 다른 마을이 문제를 해결한 성공 사례 등을 보면서 지역 주민들이 여러 각도에서 이야기를 나누며 스스로 해결책을 정하는 것입니다. 단순히 해결을 위해 '~하고 싶다'로 끝나는 것이 아니라, '~을 실천하는 모임'을 결성하여 모두가 함께 해결책을 실행해 나가는 경위와 그 후의 실행 성과도 전해 주는 프로그램입니다.

이 프로그램에서는 부장이 부하 직원을 제대로 지도할 수 없

다는 문제에 대해 직장 전체가 대처한 기업의 예도 방송한 적이 있습니다. 부장의 지도력 부족만을 문제 삼는 것이 아니라 부하 직원들의 대응이나 평소의 상호 의사소통 등도 문제시하여, 근본적이며 실천적으로 다 함께 문제를 해결하도록 했습니다.

어떤 문제 해결이라도 공통된 점은, 사람들이 '문제는 자신에게 있어서 중요하다'고 강하게 실감하여, '이렇게 해결하면 이런 장점이 있다'는 식의 구체적인 해결 이미지를 가지고 있다는 것입니다. 그러므로 모두가 '하나'가 되어 집중적으로 문제를 해결하도록 합시다.

또한, 많은 사람을 끌어들여 실행할 때에는 '오락성'이나 '유머'를 도입하는 것도 잊지 맙시다. 그룹에 재미있는 이름을 붙여서 마을이나 회사의 이벤트로 만드는 것입니다. 이왕 할 거라면, 이를 악물고 괴로운 심정으로 하는 것보다 즐기면서 실천하는 편이 좋은 성과가 나올 것입니다. 직접적인 관계자가 아니더라도 자발적으로 지원의 손길을 뻗어주는 셈입니다.

여러분도 여러 가지로 궁리하고 연출해서, 주변사람들을 끌어들여 많은 도움을 받으며 문제 해결책을 실행해 보시기 바랍니다.

실행안을 가까운 현장에서 **시행**해 보자 58

　자, 드디어 해결책을 실행할 때입니다. 실행안은 제3자에게 물어서 문제점을 확인한다고 하더라도, 막상 실시하려면 완전한지 어떤지 불안합니다. 마지막 단계인 실행을 완벽하게 하기 위해 권하고 싶은 것이 '시행(트라이)' 입니다.

　세븐 일레븐에서는 매주 간부가 도시락을 시식하여 상품화 여부를 검토합니다. 모스 버거에서는, 새로운 햄버거를 간부들이 시식한 다음, 본사 가까이에 있는 직영점에서 샘플(?) 판매를 해본 후에 전국적인 판매를 시작한다고 합니다. 아무리 상품에 자신이 있더라도, 실제로 시장의 반응이 어떤가를 확인하지 않는 한 대대적으로 판매망을 넓히지 않는 것이 업계의 상식이라고 합니다.

　전국적으로 사누키讚岐 우동의 판매망을 넓힌 '하나마루 우동'은, 세련된 '일식 페스트푸드' 로서 우선 본고장 가가와香川현 다카마츠高松 시에서 성공했습니다. 그러나 이 성공에 기뻐하지 않고, 다음에는 오카야마岡山, 효고兵庫, 호쿠리쿠北陸에 가게를 냈습니다. "관동지방은 우동 같은 건 안 먹어요"라는 컨설팅업자들의 반응을 고려했기 때문입니다. 그러나 결국 각지에서 성공을 한 하나마루 우동은 드디어 도쿄 시부야에 진출하여 전국으로 판매망을 뻗는 발판을 만들었습니다. 이처럼 기획을 실행하는 데는 세심한 주의를 기울이는 것이 중요합니다.

　여기서 기획 실행을 최종적으로 체크하는 시행 포인트를 생각해 봅시다.

실행 전의 체크 시행 포인트

시작: 우선 가까운 곳의 시작하기 쉬운 부분부터 한번 시행해 본다. 하나마루 우동처럼, 곧바로 관동에서 시작하는 것이 아니라 오카야마부터 시작하는 것이다.

라이벌(경쟁 상대): 시행할 때는 라이벌, 즉 경쟁 상대의 동향을 잘 살펴 실행에 옮긴다. 상대방의 의표를 찌르는 것이 중요하다.

채색: 최초의 시도에서 여러 가지 문제점을 찾아내어, 다음에 시행할 때는 여기에 보안을 해서 완성도를 높인다.

관망: 시도해 보았다면, 조금 상태를 지켜보는 '관망' 시간을 갖는 것이 좋다. 보다 좋은 개선책을 생각하는 것이다.

일상화: 여러 번 시행을 반복했다면 드디어 실행 단계! 실제로 행할 때 파생할 문제의 대책도 생각해 둔다.

시행 단계를 본격적으로 실시하기 전의 최종 체크 단계로 자리매김하여, 본격적으로 진행할 때 실패하지 않도록 신중하면서도 대담하게 시행해 봅시다.

이렇게 해서 실행 단계를 맞이합니다. 당신의 문제 해결력이 사람들에게 평가받는 때입니다. 자, 자신감을 가지고 실행에 옮기시기 바랍니다. 지금이 바로 실행할 때입니다.

일러스트로 알 수 있는
일 잘하는 사람들의 업무 실행 원칙

초판인쇄 | 2006년 8월 10일
초판발행 | 2006년 8월 16일

지은이 | 다카하시 마코토
옮긴이 | 한혜란
펴낸이 | 주영희
펴낸곳 | 나무의 꿈

등록 | 제10-1812호
주소 | 121-842 서울시 마포구 연남동 224-57 2층
전화 | 02)332-4037(代)
팩스 | 02)332-4031

ISBN 89-91168-13-2   03320

*이 책에 대한 무단 전재 및 복제를 금합니다.
* 잘못된 책은 구입하신 서점에서 바꿔 드립니다.